인문치료총서 9

예술과 인문치료

강원대학교 인문과학연구소 (엮음)
강경선, 김익진, 윤일수, 윤학로, 정락길 (지음)

강원대학교 출판부

예술과 인문치료에 대하여

인문치료도 이제 6년이 되어간다. 짧다면 짧은 시간이고 길다면 긴 시간이다. 탁상시계의 시간은 누구에게나 평등하지만 어떤 숙제를 짊어진 자에게 있어서 시간은 소중하지만 불평등하고 동시에 잔인하다. 인문학이라는 미로에 갇혀버린 사람들에게 빠르게 흘러가는 시간의 잔인함과 오묘함은 아마도 십분 이해될 것이다.

위기의 인문학이라는 화두가 매체를 통해 화려하게 장식되고 있다. 어쩌면 위기라는 말을 끊임없이 재생산하는 현대 사회의 세태 탓도 있겠지만 표피적 정보의 범람으로 넘쳐나는 세상에서 분명 인문학은 변모해야 한다는 당위의 강박 속에 시달리고 있음을 부인할 수는 없을 것이다. 표피적 정보가 휘몰아치는 세상에서, 그리고 속도와 경쟁의 세상에서 많은 사람들은 현실이 던지는 상처와 고통에, 때로는 이미지의 과잉 속에 존재하는 소통의 부재, 허무, 우울 속에 신음하고 있다. 신음은 요청이다. 그런데 특히 현대 사회에서 이 신음의 소리들은 마음으로부터 들려오고 있는 것 같다. 인문치료는 인문학이 자신의 아집 때문에 상실하거나 놓쳐버린 많은 사람들의 관심을 요청하고 있다. 인문학의 신음이 인문학에 대한 사랑을 잃어버린 사람들에게 인문학적 가치의 중요성을 신음하고 있다면 많은 사람들은 마음의 고통으로 신음하고 있다. 인문치료는 이러한 두 신음의 만남을 기획하면서 출발하였다. 하지만 그 길은 어떤 결과와 성과가 여전히 진행 중인 더딘 길인 듯하다. 오직 인문학의 가치만을 가지고 출발했고 이론적 현실과 임상적 현실의 많은 과제들이 여전히 강원대학교 인문치료 연구단에게 숙제로 남아있음을 뼈저리게 경험하고 있기 때문이다. 이론적 성찰의 실천과 임상을 통한 실천이 다른 길임을 어렴풋이 예감했으면서도 연구팀 모두는 사람인지라 막상 부딪힌 그 간극 사이에서 적지 않은 충격을 받았음을 고백한다. 하지만 두 길이 완전히 다른 길이 아님을 우리가 이제 서서히 확인하고 있다는 사실은 커다란 성과일 수도 있다고 자화자찬 해본다. 서두에서 말한 시간의 잔인함에도 이 책에 실린 글들은 이러한 조그만 성과들을 모은 글들이다. 잔인한 시간이 건네준 소중한 선물이다. 물론 이것은 우리의 몫이지 아직 독자의 몫은 아니다. 다만 마음의 문제와 치료에 관심이 있는 독자들에게, 아니면 인문치료에 관심이 있는 독자에게 이 책은 조그만 도움이 되길 간절히 바랄 뿐이다.

예술은 인문치료의 중요한 이론적 실천의 대상이자 임상적 실천의 도구이다. 왜냐하면 예술은 일상적 언어 바깥에서 일상적 언어의 감추어진 이면을 드러내어 충격을 주는 분야이기 때문이다. 현대 과학의 쇠뇌에 힘입어 분명히 육체로부터 기인하는 연장 없는 실체인 마음의 존재를 알고 있는 동시대인으로서 마음처럼 요상하고 어려운 것이 없음을 우리는 잘 알고 있다. 무엇보다 예술은 마음을 일차적으로 접대하여 상찬을 내놓는 정서의 집합체 이다. 별거 아닌 연속극을 보고 눈물을 펑펑 울리는 사람들, 노래방에서 흔들고 노래하며 스트레스를 해소하는 사람들과 같이 많은 대중문화들이 건네주는 위로의 힘은 위대하기 까지 하다. 하지만 병자의 아픔을 호소하는 소리가 치료가 될 수는 없다. 그것은 증상의 시그널이기 때문이다. 신음은 물론 병자의 아픔을 해소하는 효과를 지니고 있다. 더욱이 병인 자체가 복합적인 마음의 병은 증상의 방식도 다양하고 치료의 방법도 의학적인 방식과는 틀리다. 슬픔을 고백하는 것, 울음을 터뜨리는 것 등의 이러한 자연적 행위 자체는 분명 치료의 첫걸음임을 부인할 수 없을 것이다. 더욱이 대부분의 성인은 슬퍼도 슬퍼하지 못하고 울고 싶어도 울지 못하는 여러 심리적 기제의 지배 속에 놓여 있기 때문이다. 예술 치료는 분명 내담자와의 이러한 공감적 상황을 창출하는데 인문치료의 중요한 성찰적 대상이다.

이 책의 필자들은 꼬리에 꼬리를 무는 다음과 같은 질문들을 던지고 있다. 왜 예술은 이러한 효과를 발휘하는 것일까? 예술의 이러한 카타르시스 효과만으로 치료는 완성되는 것일까? 예술은 카타르시스를 넘어 마음치료에 어떤 근본적 질문을 던지고 있는 것일까? 왜 마음의 병을 가진 사람들은 예술적 형식을 통해 자신을 드러내는 것일까? 인문치료는 왜 예술치료의 성찰들을 깊이 있게 받아들여야 하는 것일까? 예술과 함께하면서도 변별되는 인문치료의 독자성은 무엇일까? 이곳에 실린 글들은 이러한 질문들과 연관되어서 최선을 다해서 자신의 답변을 전개하고 있다.

목차에 실린 글대로 독서의 즐거움을 해치지 않는 한에서 간단히 이 책의 구성을 언급하는 것으로 도입부의 글을 마치는 것이 좋을 것 같다. 이 책의 전반부에 해당하는 「프로이트, 예술 그리고 치료」, 「승화로 이해하는 예술 심리치료」, 「도날드 위니캇의 예술 치료론」 그리고 「웃음과 치료적 의미」는 예술 치료 일반의 이론적 성찰을 검토하고 있다. 「프로이트, 예술 그리고 치료」 는 정신분석의 대부 프로이트의 사유에 나타난 예술에 대한 그의 사유를 검토하고 있다. 정신병리학적 관점을 시종일관 유지하고 있는 프로이트의 예술론은 역설적이게도 그의 사유를 깊이 있게 살펴보다 보면 병리학이라는 단어가 연상하듯이 예술을 이상정신의 전개라는 관점에서 바라보는 것이 아니다. 프로이트는 인간의 마음에 놓여 있는 욕망 작동의 복합성을 전개하고 있고 그 속에서 예술은 위로와 위안의 기능만이 아니라 굳어버린 자아의 해체와 삶의 새로운 통찰 가능성을 제시하고 있다는 점이다. 「승화로 이해하는 예술 심리치료」는 예술적 행위의 치료적 가치와 의미를 승화라는 정신분석의 개념을 통해 설명하고 있는 글이다. 예술은 억압된 감정을 미학적으로 드러나게 함으로서 카타르시스적 승화를 통한 '비움의 정화 치료'를, 그리고 그 드러난 감정의 실체에 대해 객관적으로 바라보게 하는 과정에서 통찰이라는 '채움의 보완치료'의 역할을 수행함을 고찰하고 있다. 「도날드 위니캇의 예술치료론」은 소아과 의사이자 영국의 대표적인 대상관계 정신분석학자 도날드 위니캇의 치료 사유를 검토하고 있다. '중간 현상' '중간 대상'이라는 예술 치료의 원론적 근거가 되는 이론을 전개하는 그의 사유의 검토를 통해 예술 치료와 변별되는 인문치료의 가능성을 모색하고 있는 글이다. 「웃음과 치료적 의미」는 웃음의 치료적 의미를 문학 작품과 연극 작품의 풍부한 해제를 통해 입증하고 있는 글이다. 비극과 희극은 예술이 인간에게 건네주는 대표적인 두 장르이자 그 효과 면에서 독특한 차이를 드러내는 장르이다. 카타르시스의 효과가 고통의 가(假)체험을 통해 감상자에게 정화적 측면을 제공한다면 희극은 웃음을 유발해 마음의 상태를 이완시키는 거리화의 효과를 발휘함을 주목하면서 치료적 가능성으로서의 웃음의 의미를 고찰하고 있다.

이 책의 후반부에 해당되는 「사이코드라마의 치유 곡선」「음악과 정신분석」, 「영화를 통해 본 자기애」, 「상실의 경험과 영화」는 예술의 매체 별로 전개되는 치료론을 검토하고 있다. 「사이코드라마의 치유 곡선」은 사이코드라마를 임상적 실천의 주요 매체로 선택하여 대안의학으로서 진단내리기의 첫 시도로 이루어진 글이다. 사이코드라마가 어떤 상황에서, 어떤 대상에게, 어떤 목적으로 사용하며, 그것이 가져다주는 효과가 무엇인지를 들뢰즈와 가타리의 '~되기'를 통해 살펴보고 있으며 결론적으로 사이코드라마 실연으로 그 효과를 극대화할 수 있는 치유곡선에 준해 진행되어야 한다는 임상적 결론을 도출하고 있는 글이다. 「음악과 정신분석」은 현대 정신분석에서 치료매체로서의 음악의 기능과 가능성을 조명해

보고 있다. 19세기 정신분석에서 분석의 자료로서 외면 받던 음악은 시대적 변화에 따라 그 어떤 예술매체보다 인간을 이해하는 창구로 활발하게 연구, 이용되고 있음을 주목하면서 음악 연주와 감상은 성인의 개인적인 놀이터이며, 음악을 통해 열려지는 환상의 지평은 개인의 무의식과 직접적인 연관성을 가지며 이러한 자료의 분석은 정신분석 치료에서 중요한 가치를 지니고 있음을 살펴보고 있다. 「영화를 통해 본 자기애」와 「상실의 경험과 영화」는 영화 감상 치료론을 영화 작품을 통해 살펴보고 있다. 프로이트는 자기애를 대상에 대한 관심과 사랑을 통해 대상을 자아 속에 통합하고자 하는 생 욕동적 관점에서 바라보고 있는데 인간들이 삶을 영위하면서 겪게 되는 자기애적 상처를 주목한 바 있다. 존 카사베츠 감독의 영화 「오프닝 나이트 Opening Night」의 여주인공 머틀이 보여주는 서사는 자기 분열로부터 자기회복으로 나아가는 과정을 구체적으로 잘 드러내고 있는 작품이다. 그래서 이 작품을 간접 경험의 텍스트로 삼아 자기애에 대한 이해와 해석의 문제를 이 글은 영화를 통해 살펴보고 있다. 「상실의 경험과 영화」는 중국의 6세대 감독 왕 샤오슈아이의 「열한송이 꽃」을 중심 텍스트로 하여 영화 속에 나타난 상실의 경험을 내용과 형식적으로 검토하면서 텍스트의 치료적 효용성을 검토하고 있다.

저자들을 대표하여　정락길

| 차 례 |

예술과 인문치료

프로이트, 예술 그리고 치료

승화로 이해하는 예술심리치료

도날드 위니캇의 예술치료론

웃음과 그 치료적 의미

사이코드라마의 치유 곡선

정신분석과 음악

영화를 통해 본 자기애

상실의 경험과 영화

프로이트, 예술 그리고 치료

정 락 길

2002년에 나온 〈아날라이즈 댓, Analyze That〉이란 영화에는 무서운 마피아 두목이 정신 분석가 앞에서 아버지와의 왜상적 상처 때문에 어린애처럼 울고 있는 모습이 등장한다. 아마도 사람들은 많은 대중 매체를 통해 긴 안락의자에 누워 허공에 대고 이야기하는 환자와 그의 말을 참을성 있게 들으면서 치료회기에 임하는 정신분석가의 모습을 본 적이 있을 것이다. 마음치료의 이러한 대중적 상투 이미지들은 이제 익숙하게 문화적으로 소비되는 현상이기도 하다. 실제의 정신분석이 그러한 모습으로 적용되는지는 의문이 존재하지만 이러한 이미지들의 소비가 보여주는 현상은 현대의 상황이 마음이라는 이상한 장소로부터 많은 이들이 여전히 신음하고 있다는 사실을 반증하고 있는 것이다. 그래서 이러한 마음의 복잡한 현상들을 대화하고 마주하려는 시도의 중요성 때문에 여전히 인문학은 그 어려운 문제를 붙들고서 여전히 끙끙대며 고민하고 있기도 하다.

20세기 이후 마음의 이러한 복잡한 현상들에 대해 이야기할 때 정신분석의 창시자 지그문트 프로이트(Sigmund Freud)의 사유의 영향을 부인할 사람은 거의 없을 것이다. 전통적인 의미의 정신분석은 아니지만 대부분의 마음치료들은 프로이트의 사유에서 나와 끊임없이 새롭게 적용되고 있다. 대상관계 이론, 자아 심리학, 자기 심리학(self psychology), 자끄 라캉(Jacques Lacan)의 정신분석학 등은 프로이트 사유의 유산을 둘러싸고 벌어지는 정신분석학내의 분파들이다. 또한 오늘날 시행되는 거의 모든 형태의 마음치료, 예를 들면 가족 치료, 부부치료, 인지 행동치료, 게슈탈트 치료, 그리고 융 심리학을 적용한 분석 심리학 등등은 프로이트를 거부하건 계승하건 프로이트의 사유로부터 깊은 영향을 받아왔다. 또한 이 글의 주제와 밀접히 연관되어 등장하는 문학치료, 미술치료, 사이코드라마, 무용치료 등의 다양한 분야로 나뉘어져 있는 예술치료 역시 프로이트의 중요한 사유로부터 자신들의 이론과 임상을 실천하고 있다.

게다가 프로이트의 정신분석학적 사유는 단지 심리학과 치료 분야에 머물러 있지 않다. 외롭고 전투적이었던 프로이트의 생애 내내 그의 사유는 가장 전성기에조차도 사회 문화와의 관계에 있어서는 대체로 미미한 위치에 머물러 있었다. 하지만 그의 독특한 사유는 현대 문화내의 전문적인 사유로서 논의되고 있으며 무엇보다 그의 사유가 인간존재의 경험에 밀착되어 있기에 인문학, 사회학, 예술 분야 등에 확장되고 있다. 무의식의 발견, 무의식적인 동기와 의미, 성욕의 변형과 전치, 성격 형성에 미치는 초기사건들의 영향력, 오이디푸스 갈등, 심리의 방어와 저항 구조의 역동성, 증상, 상징, 타협 등등의 심리내적 방식 등 그의 미로 같은 인간 심리의 지도들은 다양한 방식으로 여러 학문들에서 확장된 방식으로 논의되고 있기도 하다.

이 글의 목적은 프로이트의 사유 속에서 예술이 어떤 지위를 지니고 있는가 하는 문제를 주로 살펴보는 데에 있다. 프로이트에게서 예술, 특히 예술작품들은 그에게 깊은 정서적 충격을 던져준 분야였다. 또한 그는 무의식의 깊은 전언이 전하는 사유를 끊임없이 해석하면서 자신의 이론을 예술을 통해 밝혀내고 있다. 그의 예술에 대한 사유는 문학작품이나 미술작품에서 수용자의 무의식에 불러일으켜진 미적 사건으로부터 이 사건의 경험에 대한 질문으로 나아가면서 때로는 불확실성과 두려움의 경험으로 나타나기도 한다.

1. 프로이트 저작에 나타난 예술

미학이라는 용어는 18세기 중반 감각을 의미하던 aisthêsis란 희랍어를 차용해 독일 철학자 바움가르텐(Baumgarten)이 '감성적 인식의 학'을 미학의 고유 영역으로 정의하면서 시작된 학문이다. 그는 미학의 고유영역을 아름다움, 또는 미의 과학 혹은 아름다움에 의해 불러 일으켜진 인상의 과학임을 체계적으로 주장한바 있다. 데카르트로부터 시작하는 서양의 근대철학에서 감성, 정서, 감정 등은 이성적 사유의 명료함이 결핍된 혼동된 인식이었으며 따라서 미와 예술의 영역은 근대철학의 흐름에서 상대적으로 평가받지 못한 영역이었다. 비록 바움가르텐이 미학이 추구하는 감성적 인식을 의사이성(擬似理性)으로 정의하면서 미학과 예술 분야에도 어떤 법칙성을 지니고 있다고 주장하고 있을지라도 그의 미학에 대한 접근은 미학과 예술에 대한 이성 중심적 전통에 기반을 둔 것이기도 했다.

프로이드는 미의 기원과 본질에 대해서 기존의 미학이 충분한 논의를 하지 못하고 있음을 지적하면서 인간이 미를 느끼는 조건을 연구하려는 의도에서 그의 정신분석학을 이용한다. 그에 따르면 정신분석학적 미학의 영역은 예술 작품에 의해 일으켜진 정서에 대한 탐구이다. 그래서 예술작품은 목적을 향한 움직임들이 금지되었기에 변형되어 나타나는 사물로서 이러한 예술 작품에 의해 불러일으켜진 정서적(affectif) 움직임들의 해명이 그의 주요한 과제로 제시된다. 이러한 프로이트의 예술에 대한 접근은 예술이나 예술작품을 영원성의 어떤 상징으로 바라보는 낭만주의적 예술이념과 거리를 둔다는 점에서, 그리고 예술 작품이 불러일으킨 정서적 충격 경험 자체의 원인을 시종일관 이성적으로 탐구한다는 점에서 합리주의적 태도를 견지하고 있다고 일단 평가할 수 있을 것이다.

프로이트가 예술에 대해 접근하는 방식을 표피적으로 보면 합리주의적 태도를 전체적으로 견지하면서 예술에 대한 자신의 발견을 예술과는 다른 정신분석학의 이론적 성찰의 결과물로서 프로이트는 철저히 한정하고 싶은 것처럼 보인다. 게다가 냉정하게 말한다면 프로이트에게 예술은 일종의 뚜렷한 목적 없이 전개된 여행에서 발견된 풍경과 같이 나타난다. 그래서 여행지에서 발견한 풍경은 프로이트의 평생의 주제인 무의식과 인간의 관계, 그리고 욕망이라는 그의 시선에 의해 다시 포착되고 그려진다. 정신분석학이라는 시선에 의해서 시종일관 포착되어 묘사되는 그 풍경은 한편으로는 그 풍경의 실제 모습에 대한 망설임과 다른 한편으로는 이방인이기에 발견할 수 있는 새로운 풍경의 의미가 드러나고 있다. 일단 필자는 정장진이 번역한 『예술, 문학, 정신분석』을 중심으로 프로이트가 포착한 예술에 관한 저작들을 살펴보도록 하겠다. 『예술, 문학, 정신분석』에는 총 14편의 프로이트의 예술에 대해 언급한 저작들이 실려 있다. 이중 우리의 논의에 필요한 그의 저작에 대해 간단히 살펴보도록 하면서 프로이트의 예술에 대한 사유를 검토해보자.

- 빌헬름 옌젠의 『그라디바』

1906년 여름에 쓰여 다음해 출간된 프로이트의 이 글은 꿈의 해석에서의 오이디푸스 왕과 햄릿에 대한 언급을 제외한다면 최초의 문학작품 분석서이다. 그 당시 친밀한 관계에 놓여있던 융의 소개로 옌젠의 작품을 알게 된 프로이트는 새로운 학문으로서의 정신분석의 이론적 발견을 입증하고자 하는 의도에서 옌젠의 작품을 분석하고 있다. (Octave Mannoni, *Freud*, p. 120.) 간단히 옌젠의 소설의 서사를 따라가 보자. 옌젠의 소설은 조각에 대한 강박적이고 물신적인 태도를 취하고 있는 한 젊은 고고학자 하놀트를 주인공으로 하고 있다. 그는 그의 어린 시절의 친구였던 소녀에 대한 사랑을 의식하지 못하고 있다. 대신에 하놀트는 그녀에 대한 관심을 바티칸의 박물관에 실제로 존재하는 '그라디바'라는 조각품에 전치시킨다. 하놀트는 이 조각품이 폼페이에서 죽었던 어떤 소녀를 재현해내고 있다고 상상한다. 그런데 그는 폼페이에서 어린 시절의 여자 친구를 만나고 그녀를 유령으로 착각한다. 결국 그녀는 그의 이러한 망상을 정신분석의 치료자처럼 치료하며 소설은 행복하게 마무리 지어진다.

옌젠의 소설에서 프로이트는 옌젠의 작품에 나타난 폼페이의 역사적 운명(도시의 매몰과 유적 발굴)과 인간의 정신적 사건(억압에 의한 기억 상실과 분석에 의한 기억의 되살림)사이의 유사 관계를 자세히 설명하고 있다. 여기에서 프로이트는 허구로서의 문학작품이 작가의 판타지와 몽상을 드러내고 있음을 주목하면서 꿈의 해석과 유사한 방식으로 작품을 분석하고 있다. 프로이트에 따른다면 작품의 환상은 저항 때문에 변형되지 않고는 의식에 도달할 수 없는 어린 시절의 억압된 기억들의 자리를 대신 차지하고 있는 기억의 후예들로서 이 기억들은 저항의 검열에서 비롯되는 변형과 왜곡을 치러야만 의식에 도달할 수 있다는 것이다. 그는 서사의 표면적 내용과 숨겨진 잠재된 생각을 해석하면서 옌젠의 작품을 분석하고 있다. 결론적으로 욕망의 충족으로서의 꿈 이론에 근거해 문학작품이 실증과학이나 의식의 세계가 드러내지 못하는 인간의 내면을 깊이 있게 탐구한다는 점과 몽상과 판타지로서의 작품의 내용은 무의식의 복잡한 억압의 과정 속에서 의식과 무의식의 타협을 통해 형성되는 것임을 이 글에서 밝혀내고 있다.

흥미로운 것은 무의식적으로 억압된 것을 의식화하는 것으로 치료가 완성되지 않는다는 점을 이야기하면서 치료가 이루어지는 과정은 비유적으로 말해 사랑이 재발될 때 완결된다고 말한다. 문제는 문학작품과 치료에 차이가 존재하는데 여주인공 조아가 환자의 해방된 사랑의 욕망에 자기 자신을 대상으로 내줄 수가 있었다면 치료에서 치료자는 타인이며 치료 후에는 다시 한 번 낯 선 타인이 되기 위해 노력해야 한다는 점을 주목하고 있다.

- 작가와 몽상

1908년에 출간된 이 짧은 글에서 프로이트는 예술가의 작업은 본래 모든 인간에게 존재하던 아이의 놀이와 같은 성격을 지니고 있는 것으로 제시한다. 예술가는 성인임에도 불구하고 이러한 놀이를 계속할 수 있는 것이 예술가의 특권이자 자질이라 평가한다. 놀이, 꿈, 몽상, 그리고 예술은 프로이트에게 있어서 공통적으로 무의식적 정신의 움직임을 보여주는 것으로 의식의 통제나 제한 없이 무의식적 정신이 의식에 이르는 활동성을 반영하고 있는 것으로 파악한다. 또한 프로이트는 이 글에서 그것 자체로는 고통스러운 감정들이지만 그 감정들은 독자나 관객에게 있어서는 일종의 안전한 위치에서 감상되는 독특한 쾌락의 원리가 작동함을 주목하고 있다. 이러한 프로이트의 논의는「무대 위에 나타나는 정신 이상에 걸린 등장인물들」(프로이드 사후 출간된 글로 1904-06년 사이에 쓰인 것으로 추정되어진다.)에서 아리스토텔레스의『시학』에 등장하는 카타르시스 론에 대한 해석으로 나타난 글이기도 하다. 특히 이 글에서 프로이트는 셰익스피어의『햄릿』의 내면적 갈등을 신경증적 상황으로 파악하면서 현대인의 공통적 증상을 신경증의 경향으로 파악하고 있기도 하다.

- 레오나르도 다 빈치의 유년의 기억

프로이트는 1898년부터 플리스(W. Flieβ)와의 편지에서부터 다 빈치에 대한 관심을 표명한바 있는데 이 글은 1910년 출간되었다. 프로이트는 이 글에서 다 빈치가 어떻게 신경증 환자가 되지 않고 성공적으로 자신의 유년기적 환상을 실현하고 있는지 분석하고 있다. 다 빈치의 작품들의 의미를 사생아였던 어린 시절의 경험과 성적인 억압이라는 근거를 통해 파악하고 있는데 주요한 해석의 출발점은 다 빈치가 지니고 있었다고 추정되는 독수리 환상이다. 프로이트에 따르면 정신분석에서 하나의 집요한 환상을 발견한다는 것은 해석에 있어서 중요한 출발점이 된다. 환상에는 항상 변형과 왜곡이 존재하는데 이 변형과 왜곡을 가로질러 깊은 환상의 의미가 드러나는 과정이 정신분석의 과정이기도 하다. 그래서 프로이트는 모성을 가진 독수리가 어떻게 다 빈치의 동성애 성향을 불러일으키는지 그의 예술적 기질과 과학자로서의 모습이 어떻게 상치되고 어떤 방향으로 발전해 나갔는지 논의하고 있다. 이 글에서 분석의 중심축이 되는 개념은 오이디푸스 콤플렉스와 승화(sublimation)의 개념이다. 프로이트는 예술적 행위가 어떤 방식을 통해 원초적인 정신적 욕동(pulsion)들, 성적 욕동으로 환원되는지를 추적해 나간다. 그 속에서 다 빈치의 창조 작업 역시 성욕의 우회라는 사실임을 강조하고 사춘기 시절에 다빈치가 예술가로서의 승화가 이루어졌다면 후기에는 예술을 떠나 지적 탐구로 승화된 변형이 있었음을 고찰하고 있다. 특히 모나리자 상을 성적 욕동이 최고로 승화된 작품으로 평가하고 있다.

- 미켈란젤로의 모세 상

프로이트가 모세상에 관심을 가지기 시작한 시점은 1901년까지 거슬러 올라간다. 프로이트는 이 모세상을 보기 위해 성 베드로 성당이 있는 로마를 여러 번 방문했고 어떤 예술작품도 자신에게 이러한 격렬한 인상을 불러 일으킨 적이 없었음을 고백한 바 있다. (정장진 역, 「미켈란젤로의 모세상」, p. 289.) 이 글에서 그는 「미켈란젤로의 모세상」이 일으킨 정서적 충격의 고백으로부터 시작해 자신에게 지속적으로 불러일으키는 의문에 대해 답하는 방식으로 논의를 전개하고 있는데 작품의 형식과 내용에 대한 질문으로부터 결국 예술가의 의도를 발견하고자 하는 정신분석적 해석 절차에 외면적으로는 충실히 따르고 있는 듯이 보인다. 모세에 대한 관심은 프로이트의 최후 저작인 「인간모세와 유일신교」까지 이어지는 지속적인 주제이기도 하다. 구약성서와 유대전설을 논거로 모세는 이집트인이었고 유일신교는 이집트의 종교였다는 논쟁적인 주장과 유대인에 의한 모세 살해 및 그리스도의 고난을 원시종교에 존재하는 '친부살해' 모티브로 해석하는 오이디푸스 콤플렉스라는 주제는 정신분석학의 일관적인 주제이기도 하다. 그런데 미켈란젤로의 모세상에서 프로이트가 다루고 있는 주제는 오이디푸스 콤플렉스와 연관된 모세의 이야기라기보다는 조각상 자체에 새겨진 한 인간으로서의 '외면적 평온'과 '내면적 격정'에 대한 관찰이다. 이 저작에 대한 당시 대부분의 해석은 율법의 판을 받은 시나이 산에서 모세가 내려와 황금송아지에 우상 숭배하는 유대인들을 보고 격노하기 직전의 모세의 자세를 드러내는 것으로 이야기하고 있었다. 프로이트는 이러한 해석의 타당성에 대해 완전히 거부하지는 않지만 그의 모세상에 대한 관심은 미켈란젤로의 예술작품의 형식에서의 얼굴, 시선, 손의 위치, 수염의 묘사 등등 부차적 세부들에 대한 특이한 관심에 놓여 있다. 이글은 1914년에 발표되었고 이러한 모세상에 대한 관심은 1924년의 글에도 다시 나타나고, 또한 1927년 추가 연구를 발표하기도 하였다. 이러한 지속적인 관심에도 불구하고 프로이트의 모세상에 대한 연구는 대단히 모호한 결론으로 이끌려지고 있다. 왜냐하면 이 글은 다른 예술 작품의 분석과 달리 정신분석에 대한 자신의 이론을 입증하는 도구로서 작품을 분석하기 보다는 해석을 요하는 세부에 대한 모호한 의문으로서 모세상을 해석하고 있다는 점에 있기 때문이다. 존스는 프로이드가 자신의 불안과 소망을 이 모세상에 투사하였다고 전하고 있는데 프로이트는 그 당시 스위스 회원들과의 문제 때문에 큰 좌절을 겪고 있기도 했다. 프로이트는 모세상을 통해 자신의 내적 갈등을 예술작품이 던진 의문 앞에서 반추하고 있으며 거의 동시에 나온 글인 「세상자의 모티브」의 글에 죽음에 대한 성찰을 프로이트가 시도한다는 점에서 「쾌락원칙을 너머서」로부터 등장하는 메타심리학적 이론과 인간의 필연으로서의 유한성과 죽음에 대한 성찰을 행하고 있는 글로 이해할 수 있는 글이기도 하다.

- 두려운 낯설음

1919년 처음 발표된 「두려운 낯설음」은 현대 예술과 미학에서 끊임없이 해석되는 프로이트의 중요한 참고문헌이다. 프로이트는 일상에서 인간이나 사물사이에서 발견되는 부드러움, 우정, 연대감의 감정들을 성적 욕동들이 최초의 목적에서 조금은 멀어진 것으로서 여겨지는 관계들이나 행위들 속에서 이루어지는 만족들로 파악하고 있으며 아름다움 역시 이러한 성적 욕동의 변형이나 승화로서 파악하고 있었다. 이러한 감수성의 여러 특질에 대한 이론으로서의 미학에 대한 프로이트의 질문에서 일종의 공포감의 일종이자 변종으로 등장하는 '두려운 낯설음'의 미적 속성에 대한 연구는 쾌락원칙을 너머서는 고통에 대한 새로운 미학적이자 예술적인 접근이다. 독일어의 unheimlich의 특수한 의미를 추적하면서 프로이트는 야코프 Jacob와 빌헬름 그림 Wilhelm Grimm의 『독일어 사전』에서 unheimlich가 가정의, 편안한, 친근한이라는 의미와 숨어있는, 비밀스러운, 알 수 없는, 무의식적인 의미가 동시에 존재하고 있음을 주목한다. 불안하게 하는 이상함이라는 의미로 해석될 수 있는 이 개념은 도보 여행에서 만나게 되는 길, 사창가 거리, 대수롭지 않은 것이 비의도적으로 반복되는 경우, 같은 숫자가 반복되는 경우, 친근했던 집안에서 발견되는 갑작스런 불안 등 이성으로 설명되지 않는 것이기도 하다. 또한 밀납 인형, 마네킹, 자동인형 등 무생물의 이상한 작용들로 이러한 두려운 낯설음의 정서를 불러일으킴을 주목하고 있다. 프로이트는 옌치(E. Jentsch)가 두려운 낯설음의 원인을 지적인 불확실성에서 찾았다는 문헌을 인용하고 독일 낭만주의 철학자인 셸링이 unheimlich를 어둠 속에 비밀로 남아 있어야 하는 것과 어둠 속에서 나온 것이라고 해석하는 방식이 자신의 해명에 근접하고 있음을 이야기한다. 이 글에서 주로 분석되는 작품은 빌헬름 호프만(Wilhelm Hoffmann)의 『밤의 이야기들』에 속해 있는 「모래 인간」이라는 작품이다. 프로이트의 실증적 글쓰기의 방식이 그대로 드러나는 이 글은 불안과 공포에 관련된 현상적 사실들을 배열한 후 기존의 개념과 지속적으로 왕복하며 전개되고 있다. 어린 시절 어머니가 들려주신 모래인간의 이야기로부터 주인공 나타나엘은 내적인 환상들을 외부로 투영하고 자신의 상상을 자신이 설정한 외적 형상들로 엮어나가는 환상에 사로잡혀 있다. 결국 '모래인간'은 강박적인 유령으로 변해 버리게 되고 나타나엘은 비극적 최후를 맞이하게 된다. 판타스틱 장르에 속하는 이 소설에서 프로이트는 실명의 공포와 거세 콤플렉스의 상관관계를 다루고 있다. (이러한 판타스틱 장르에 대한 흥미로운 논의는 츠베탕 토도로프가 자신의 저작에서 잘 드러내고 있다. Tvetan Todorov, Introduction à la littérature fantastique, Paris, Points-Seuil.) 프로이트는 두려운 낯설음의 감정이 발원하는 기원은 어린 시절에 실재하는 괴로운 경험과 관련되어 있기 보다는 어린 시절의 욕망으로부터 비롯되는 환상의 문제임을 주장한다. 또한 죽음의 권능에 대한 강력한 부인으로서의 분신의 모티브와 동일 사건의 귀환이라는 반복 강박이라는 주제를 다루고 있다. 또한 '사유의 전능성'이라는 원시적 정령론을 이야기 하면서 상상력의 작업으로서의 예술 창조의 행위가 이러한 '사유의 전능성'이라는 모티브와 깊이 연관되어 있음을 기술하고 있다.

- **도스토예프스키와 아버지 살해**

1928년에 출간된 이 글에서 프로이트는 욕동의 인간이라는 주제 하에서 도스토예프스키를 조명한다. 작가를 신경증 환자로 바라보면서 신경증을 자아가 무의식과의 통일에 성공하지 못한 분열적 상태로 바라보고 있다. 그래서 도스토예프스키의 신경증적 증후는 졸도와 근육경련 그리고 그 후에 무기력하게 되는 간질증적 증상으로 나타난다. 이 간질증적 반응들은 정신적으로 이겨낼 수 없는 흥분의 덩어리를 신체를 통해 배출하는 것으로 지극히 신경증적인 것이기도 하다. 이러한 증상들은 『카라마조프가의 형제들』에 주요한 주제로 나타나는 친부살해와 관련이 있다고 본다. 프로이트는 작가에게서 나타나는 성격의 다양한 여러 분열적 양상을 밝히긴 하지만 예술가로서 그를 설명하지 못한다는 것을 인정한다. 욕동의 인간, 신경증이라는 키워드로 분석되는 도스토예프스키에 대한 프로이트의 이 글은 어떤 의미에서 바흐친의 도스토예프스키에 대한 해석과 묘한 반향을 서로 일으키고 있다. 왜냐하면 바흐친의 다성악적 시점으로서 그려지는 도스토예프스키에 대한 작가론은 단일적인 시점과 대비되는 분열된 세계의 고통스런 목격자로서의 도스토예프스키적 고뇌를 탁월하게 해석한 방식이고 이러한 견해는 프로이트가 보여주는 과도한 자서전적 해석을 보충하면서도 현대 작가의 문제성을 새롭게 제기하는 것이기 때문이다.

2. 프로이트의 예술에 대한 인식

프로이트는 살아생전 표현주의 회화에 대한 자신의 무관심과 무지를 드러내었고 어떠한 언어적 표현도 부재하는 음악에는 자신이 전혀 관심이 없음을 고백한바 있다. 게다가 초현실주의 운동의 주창자였던 앙드레 브르통과의 불발된 만남이 보여주듯이 자신으로부터 직접적인 영향을 받은 초현실주의 예술 운동에 거리를 두고 있기도 했다. 그는 이와 같이 빈번하게 자신이 예술의 영역과 관계가 없고 심지어 문외한임을 말한다. 예술 작품에 대한 미학적 평가는 정신분석학의 임무는 아니며 여러 문헌을 통해 자신은 예술 형식에 대해서는 무지하기에 자신의 예술 작품을 대상으로 한 분석은 그 내용에 대한 자신의 관심으로 한정되어 있음을 피력하고 있기도 하다. 프로이트의 예술에 대한 이러한 언급에는 그가 행한 분석적 방식이 그 당시로부터 현대에 까지 끼친 영향을 고려한다면 조금은 방어적인 인상을 우리에게 주기도 한다. 확실한 것은 프로이트가 자신을 정신분석이라는 새로운 학문의 영역 속에 한정지으면서 오직 이러한 학문적 입장으로부터 모든 영역에 관여하고 있었다는 점이다. 위에서 간략히 정리한 프로이트의 중요한 예술에 관한 저술 이외에도 프로이트의 여러 저작 속에 예술에 대한 그의 사유는 흩어진 방식으로 언급되고 있다. 그럼에도 불구하고 몇 가지 분류를 통해 프로이트의 예술에 대한 인식 방식을 살펴보도록 하자.

첫 번째로 프로이트는 예술 작품을 억압된 욕망이 환상을 통해 구현되는 분야로 파악하고 있다는 점이다. 그리고 익히 알려져 있듯이 환상이 작동하는 구조를 프로이트는 오이디푸스 콤플렉스로 바라보고 있다. 욕망의 상연공간에 대한 프로이트의 성찰은 익히 알려져 있듯이『꿈의 해석』으로부터 본격화되기 시작하였다. 그는 꿈 작업을 무의식이라는 욕망의 상영공간으로 놓으면서 그 작업을 언어로 공식화하여 응축, 전치, 상징 등의 기제들을 밝힌바 있다. 예술의 작업도 이와 비슷하여 작가는 예술이라는 안전한 장치를 이용하여 말할 수 없는 것, 수치심, 죄책감만이 아니라 개인적 욕망을 예술 매체를 이용해 환상화한다. 이러한 환상의 과정은 오이디푸스 콤플렉스의 구조 하에서 다양한 표상들이 변형되어 나타나는데 이 표상들은 중층결정(surdétermination)된 형성물임을 프로이트는 예술에 관한 저작에서 밝히고 있다. 이러한 프로이트의 원칙은 그의 예술에 관한 저술 전체에 흐르고 있는 기본적 사유일 것이다.

두 번째로 프로이트는 예술 작품을 분석할 때 승화(sublimation)와 증상(symptome)이라는 두 가지 관점을 모호하게 순환시키며 자신의 논의를 전개하고 있다는 점이다. 승화라는 용어는 예술에서 숭고(sublime)라는 미적 범주를 상기시키기도 하고 동시에 화학에서 고체 물질이 기체 상태로 이행하게 되는 방법을 가리키는 의미와 연관되어 있기도 하다. 우선 미적 범주로서의 숭고는 다양한 철학자 마다 언급했던 미와 예술에 있어서 대단히 중요한 범주인데 프로이트 식으로 이야기 한다면 미가 쾌락 원칙과 밀접히 연관되어 있다면 숭고는 생명력의 일시적 저지에서 이어지는 돌출적인 감동으로 쾌락원칙을 너머서 나타나는 범주이기도 하다. 독일철학자 칸트의 정의를 언급한다면 유한적 인간이 무한의 자연 앞에서 느끼는 절대적 감정이라고 할 수 있다. 프로이트는 겉으로는 성적인 목표를 겨냥하고 있지 않은 욕망에 의해 지탱되는 유형의 활동(예술 창조, 지적 탐구, 일반적으로 사회가 큰 가치를 부여하는 활동)을 경제학적이고 역학적인 관점에서 설명하고 있다. 사실 『정신분석 사전』에 언급되어 있듯이 프로이트의 승화 개념은 명확하지 않은 채 정의되고 있는 개념이기도 하다.(라플랑슈, 『정신분석 사전』) 증상은 프로이트에게서 병리적 과정의 육체적 드러남(두통, 발작) 혹은 심리적 상태(불안, 울음, 우울 등) 에 해당되는데 무의식속에 억압된 표상들이 대치되어진 것이다. 증상은 그래서 의식에 용인되기 위해 항상 위장의 형태를 띠며 검열을 상기시킴 없이 무의식적 욕망에 고묘한 만족을 주는 것이기도 하다. 프로이트는 히스테리 증상을 서로 다른 두 심리체계에서 나온 상반된 두 욕망이 단 하나의 표현에서 실현될 때 나타날 수 있다고 주목한 바 있다. 따라서 증상에는 욕망을 둘러싼 무의식과 의식의 타협이 존재하며 해석이 요구되는 것이기도 하다.

「레오나르도 다 빈치의 유년의 기억」, 「미켈란젤로의 모세상」에서 다 빈치와 미켈란젤로의 작품은 때로는 승화의 관점에서 작품과 작가의 세계가 그려지고 있다. 특히 다 빈치의 창조적 과정을 분석하면서 프로이트는 다 빈치의 동성애적 성욕동이 비성적(非性的)인 목표를 향하는 방식을 다 빈치의 예술에 대한 헌신 그리고 지식애로의 변환과정으로 추적하고 있다. 여기서 예술 작품, 그리고 지식애는 다 빈치에게서 나타난 승화의 예이기도 하다. 특히 다 빈치의 후기 작품인 모나리자의 유명한 미소에는 작가의 동성애적 성향이 다시 등장하게 되는 데 이 모나리자의 미소를 프로이트는 성적 욕동이 최고로 승화된 작품으로 평가하고 있다. 하지만 세세한 분석들에서, 우리가 살펴본 다 빈치의 세계에서는 동성애라는 키워드를 중심으로 분석되고 있다는 점, 특히 도스토예프스끼의 작품에서의 분석은 신경증이라는 병리학적 관점이 우세하게 작용하게 있다는 점에서 증상학적인 관점이 우세하다고 할 수 있다.

세 번째로 프로이트의 예술 작품의 분석에는 작가들을 질병학(nosographie)의 방식으로 파악하는 방식이 존재하고 있다는 점이다. 이 방식은 작가의 신경증으로부터 출발해 작품들을 증상으로서 파악하고 있다. 여기서 우리는 작가를 둘러싼 정상과 비정상의 모호한 경계를 만나게 된다. 이 방식은 예술 비평에서 전기적 비평이라 불리는 방식이기도 하다. 결론적으로 우리는 정신분석학적 시선에 의해 포착하게 되는 성격학을 만나게 되는데 작가는 병리적 가능성이 존재하는 잠재적 인물인 메타심리학적 차원에서의 정상인이기도 하다. 부분적으로는 옌젠의 소설에서 나타나는 작가에 대한 소급의 방식, 「레오나르도 다 빈치의 유년의 기억」, 괴테에 대한 글들, 그리고 「도스토예프스키와 아버지 살해」 등은 전기적 비평의 양상을 띠고 있다. 이 세 번째 관점은 프로이트 사후 정신분석의 예술적 적용을 이야기 할 때 가장 많은 비판을 받은 관점이기도 하다. 프로이트가 예술에 접근할 때 자신의 이론을 검증하기 위해 내용만을 중시하고 예술 형식이 가지는 의미나 기능을 무시하고 있다는 사실이 비판의 주요 내용이다. 사실 프로이트의 글 속에는 명확히 구분되어서 분석되어야 할 지점이 환원적으로 해석되는 경우가 자주 있다. 우선 예술은 모방(imitation)만은 아니기에 작품의 경험이 작가의 현실 경험과 부합되는 것은 아니다. 허구의 현실과 작가의 현실사이에는 중층결정의 과정이 존재하는데 옌젠의 소설의 경우, 다 빈치와 도스토예프스키의 작품들의 경우 프로이트는 때론 허구적 인물을 작가 자신으로 그대로 등치하여 기술하고 있기도 하다. 또한 이 방식에서 예술은 개인으로서의 의식적 무의식적 심리론이라는 심리적인 환원주의와 작가의 예술 창조의 이데올로기로 환원될 위험성이 존재하고 있다. 그래서 작품의 형식 속에 놓여 있는 사회 역사적 차원을 무시할 여지가 있다. 그럼에도 불구하고 프로이트의 전기적 비평에는 프로이트 이전 시대에는 드물었던 아주 중요한 예술에 대한 입장을 개진하고 있다는 사실이다. 프로이트에게는 낭만주의 시기까지 예술에 붙어 있던 어떠한 이상화방식이 존재하지 않고 있다는 것이다. 특히 예술가와 연관해서 생각할 때 과장해서 말한다면 프로이트에게 예술적 천재란 존재하지 않는다. 칸트는 천재란 어떠한 특정한 규칙도 주어질 수 없는 것을 산출하는 하나의 재능이며, 자연은 천재를 통하여 학문에 대해서가 아니라 예술에 대해서 규칙을 부여한다고 정의한 바 있다. 프로이트는 칸트가 멈추어 버린 이 자연이라는 장소로부터 시작해 천재를 신이 부여한 창조적 특권이 아닌 자연으로부터 던져진 인간의 무의식과 의식의 갈등과 타협의 과정으로서 해명하려 하고 있고 신적 자연을 해체한 자리 대신에 인간을 역사적 존재로 파악하면서 이 역사성 속에서 무의식적 욕망의 환상공간으로서 예술과 예술 창조의 원리에 다가서고 있다고 이야기 할 수 있을 것이다.

마지막으로 프로이트는 예술 창조론과 감상론에서 일종의 예술 심리학적 방법을 적용하고 있다. 어떤 의미에서 미적인 형상들은 개념으로 바꾸어 놓을 수가 없고 그것은 또한 쉽사리 실체화되지 않는다. 프로이트에게서 우리는 시종일관 개념화 될 수 없었던 다양한 미적 쾌락의 심층적 원인을 발견하게 된다. 작가는 작품을 통해 한편으로는 사회적 인정이라는 초자아의 강화 혹은 왜상을 극복하고 자기애적 공허를 메우게 되고 무엇보다 허구적 현실을 통해 인간의 근원적 욕망인 사유의 전능성을 획득하는 것이기도 하다. 예술은 그래서 현실 원칙과 쾌락원칙이 오묘하게 작동하는 분야이다. 예를 들면『농담과 무의식의 관계』에서의 논의를 더욱 확장하여 전개한「유머」라는 글에서 프로이트는 유머의 심리적 기제를 "유머는 자아의 승리를 의미할 뿐 아니라 쾌락원칙의 개가, 즉 현실적 조건의 불리함에도 불구하고 자신을 관철시킬 수 있는 쾌락원칙의 개가를 의미한다. (...) 따라서 유머러스한 태도의 본질은 유머를 보이는 사람이 정신적 강조점을 자아에서 초자아로 옮겼다는 데 있다고 생각한다면 우리는 유머러스한 태도에 대한 역동적인 설명을 얻게 되는 것이다."라고 눈부시게 해석하고 있다.(프로이트,「유머」, pp. 512-514.)

이제 프로이트가 예술을 접근하는 방식의 조그만 소결론으로 나아가도록 하자. 제임스 스트레이치는 프로이트가 수행했던 모든 연구 이면에 결정론 법칙의 보편적인 타당성에 대한 믿음이 있었다는 사실을 인정해야 함을 이야기한다. (장정선 역, p. 569) 그런데 이러한 결정론의 주장의 함의는 조금 복잡한 의미를 지니고 있다. 우선 프로이트의 주장은 모든 심리현상에는 아주 사소한 망각이나 실수에도 원인이 존재한다는 주장에 있다. 무의식이 이야기하는 아주 사소한 것 하나라도 그것이 임의적이고 뚜렷한 이유 없이 나타났을지라도 거기에서 최후에는 정당화가능하고 분석 가능한 심리적 원인이 존재한다는 것이다. 이러한 의미에서 심리적 결정론을 믿는 것은 무의식과 의식의 긴장관계 속에서 지속적인 해석의 가능성을 믿는 것이기도 했다. 이러한 프로이트의 심리적 결정론은 또 다른 한편으로는 프로이드가 살았던 시대의 정신분석학이 가져다준 충격적 사실들, 성적인 욕망, 근친상간, 친부살해 등등에 대한 당대의 저항과 거부들에 대해 프로이트 자신이 이러한 현상을 대중과 사회의 초자아적 방식의 증상이라고 답변하는 방식과 같은 '저항의 저항'이라는 프로이트적 사유의 역사적 맥락이 존재한다.

예술에 대해서도 이러한 입장을 프로이트가 시종일관 견지했다는 사실은 부정할 수 없을 것이다. 프로이트가 예술을 정신분석학적 입장에서 분석할 때 예술에 대한 신비적인 방식, 이상화 방식은 존재하지 않고 있다. 프로이트는 예술가와 예술을 시종일관 병리학(pathologie)의 관점에서 기술하고 있다. 이것은 일종의 신성 모독적 방향이다. 그는 신경증적 증상들이라는 것이 어린아이에게서 문명화된 사회의 한 인간으로 우리를 인도하는 일정한 억압과정을 대체해 버린 심리 현상임을 주목하면서 현대인을 신경증 환자로 바라보고 있다. 현대의 개인은 이러한 대체 심리 현상을 보이고 있으며 단지 그 빈도와 강도와 배분의 차이점들에 의해 정상과 비정상은 동전의 앞뒷면처럼 얽혀 있다는 것이다. 우리는 위에서 승화와 증상사이의 구별 불가능한 미묘한 차이가 존재함을 살펴보았다. 예술이 지닌 모든 신화를 해체하는 프로이트의 사유는 그런데 그 해체의 과정에서도 다시 예술의 가능성이 복권되어 지는 과정이기도 하다. 자신이 열정적으로 동일시했던 인물인 다 빈치를 평가하면서 다음과 같은 말을 하는 프로이트의 전언은 깊이 새겨 해석할 필요가 있다. "(다 빈치가) 인생 말년에 접어들어 얻게 된 깊은 예지를 표현한 문장들 속에는 하느님의 선하심과 은총에는 어떤 위안도 구하지 않은 채 오직 아난케(Ananke)에, 즉 자연의 법칙들에 복종하는 인간의 체념이 숨 쉬고 있다." (정장선 역, p. 246) 이 글에는 허무로부터 비롯된 예술의 숭고함의 가치가 짖게 배어 있다. 프로이트에게 인간세계는 동물적인 것, 인간적인 것, 그리고 신적인 것(영원성의 열망)이 깊이 얽혀져 있다. 그래서 예술은 신의 은총으로부터 내려와 인간 세계에 거주하면서도 한계로부터 울려 퍼지는 무엇으로 나타난다. 그래서 필자는 프로이드의 사유 체계에서 승화의 관점과 증상의 관점 사이의 관계를 어떻게 이해해야 할 것인가 하는 문제가 프로이트의 중요한 전언이 아닐까 생각한다.

3. 예술의 두 가지 가능성

프로이트는 「토템과 타부」에서 "인간에게는 모든 존재를 자기 자신과 같은 것으로 파악하고 자기 자신이 잘 알고 내심으로 의식하고 있는 모든 성질을 모든 대상에 전위시키는 일반적 경향이 있다."라고 주목하면서 애니미즘의 세계관으로부터 종교적 세계관, 과학적 세계관으로의 인류의 변천과정을 추적하고 있다. 그의 요지는 실증 과학에 의해 음습하고 어두웠던 인류의 모든 미개척지가 계몽의 빛 아래 드러났을 지라도 여전히 원시인의 애니미즘 세계관이 이 개명의 현대시대에도 인간의 마음속에 존재한다는 사실이다. 그리고 이러한 애니미즘적 사고 방법을 지배하는 원리가 '사유의 전능성'임을 명확히 하고 있다.(프로이트, 「토템과 타부」, p. 143.) 프로이트가 현대 시대를 신경증의 시대로 바라보았듯이 원시인과 같이 이 사유의 전능성이 신경증적 개인을 지배하는 원리라고 한다면 과학의 사유는 인간 내부에서 일어나는 성적 욕동이 억압을 통하여 사유과정을 다시 성욕화하는 것이기도 하고 이 과학만능주의의 세상은 리비도 과잉 집중에 의한 것이든 퇴행적 과정에 속하는 것이든 지적인 자기애에 대한 과잉 확신의 시대이기도 하다. 이러한 과도한 프로이트주의적 해석의 단순성과 환원적 방식은 비판 받아 마땅하지만 여기에서 여전히 현대인의 심성 속에 뿌리 깊이 놓여 있는 자기애적인 사유의 전능성이라는 문제의 깊은 전언을 쉽게 물리칠 수는 없을 것이다.

프로이트는 아이들은 현실의 불만족한 상황이 발생했을 때 자신의 감각기관에 원심적 자극을 가해 만족의 상태를 만듦으로써 불만족이 야기한 상태를 환각적으로 충족시키는데 성년의 미개인은 의지를 통해 (원망을 충족시키기 위해서라면 지구의 외모를 바꾸는 것도 마다하지 않는 마술적 시도) 자율적 환각을 창출한다는 것이다. 이 소망충족의 방식은 아이들의 놀이와 비교될 수 있다. 프로이트에 따르면 "아이들이나 미개인들이 놀이나 모방적인 표현만으로 만족한다고 해도 그것은 우리가 알고 있는 의미에서의 겸손의 표시도 아니고 저희들이 현실적으로 무력하다는 것을 깨닫는 데서 오는 체념의 표현도 아니다. 그것은 그들의 원망, 즉 원망에 의존하는 의지나, 의지가 개척해 낸 길을 과대평가 한 데서 오는 명백한 결과인 것이다."(프로이트, 「토템과 타부」, p. 142.) 사고의 전능성이란 세계를 자신의 욕망하에 통합하는 것으로 그 환상의 통합 속에서 모든 거리는 사라진다. 공간적으로 그리고 시간적으로 아무리 멀리 떨어져 있어도 한 번의 의식작용으로 연결시킬 수 있는 것으로 애니미즘의 시대의 경우 내적 세계의 영상은 세계의 다른 영상을 말살시킬 수밖에 없는 것이다. 이러한 사유의 전능성의 영상을 라캉은 그래서 거울 단계의 아이의 이미지에서 발견한 바 있다.

프로이트에게 예술은 우선 이 사유의 전능성과의 관계에서 사유된다. 왜냐하면 "우리 문화에서는 오로지 한 부문에서만 사유의 만능성이 용인되고 있는데 그 부문이 어디냐 하면 바로 예술이다. 오로지 예술 부문에서만 욕망의 충동에 쫓기는 한 인간이, 그 원망이 충족된 것과 유사한 것을 성취하고, 이러한 유희가 예술적인 환상을 통하여 현실과 똑같은 감정적 파장을 일으킬 수가," 있기 때문이다.(프로이트, 「토템과 타부」, p. 150.) 작가의 승화된 기획에 의해 비난받지 않고 부끄럼 없이 행하는 환상의 욕망으로서 예술, 그 예술에서만 욕망들에 의해 고통받는 한 인간은 만족과 닮은 무엇인가를 할 수 있다. 그래서 작가는 놀이를 하는 아이와 동일한 것을 하고 있다. 그는 환상의 세계를 창조해 그 세계를 진지하게 여기며 현실 그대로라면 쾌락을 제공할 수 없는 것들이 환상의 세계 속으로 들어오면서부터 쾌락을 부여한다. 또한 그것 자체로는 고통스러운 감정들이지만 그 감정들의 이야기를 읽고 듣고 보는 관객들에게는 쾌락의 원천이 되는 것이기도 하다. 이 모든 것은 예술의 환영에 기인한다. 따라서 예술의 힘은 애니미즘적 사유로 되돌아가는 효과적인 문화의 양태이며 거기에서 사물과 표상은 혼동되어 진다. 예술가는 역사와 사회가 부과하는 미학적 규칙에 따라 현실에서는 해선 안 될 환상의 세계를 창조하고 이 가상으로부터 감상자는 진실한 정서를 느끼게 된다. 그래서 예술은 욕망을 좌절시키는 현실과 욕망을 충족시키는 환상사이의 중간지대를 구성하며 이 공간에서 뿌리 깊은 인간의 '사유의 전능성'에의 믿음이 효율적으로 발휘된다.

예술은 그래서 대리만족이다. 프로이트는 인간은 예술을 즐김으로서 삶의 고통에서 벗어나 마취상태에 들어갈 수 있지만 예술이 결코 인간의 고통을 잊을 수 없게 하지는 않는다고 하며 예술은 그냥 아름다움을 즐기려는 인간의 문화라고 정의한다. 예술은 그래서 전희, 미혹, 위로, 화해이며 인간 세계의 억압적 조건에 균형을 부여하는 부드러운 마취이자 해롭지 않은 환상이다. 지금까지 살펴본 프로이트의 예술의 사유는 우리는 '위로로서의 예술'로서 정의하고자 한다. 이 위로로서의 예술은 사유의 전능성이라는 인간의 환상에 깊이 뿌리박혀 있고 그것을 결코 포기하지 않는 문화가 만들어 놓은 깊은 자기애적 방어로부터 비롯된 환상이라는 점이다. 이러한 위로로서의 예술에 대한 프로이트의 견해는 시종일관 그의 전 저작에서 유지되는 기본적인 사유의 방향임은 부인할 수 없다. 그리고 이러한 프로이트의 사유는 사실 그리 독창적이라고 평가할 수 없는 것이기도 하다. 그런데 예술은 단지 상처 난 인간에게 환상만을 부여하는 그러한 기능만을 지닌 것일까?

우리는 그래서 다시 프로이트의 예술 텍스트로 돌아갈 필요를 느낀다. 여기서 다시 세 개의 텍스트를 거론하는 이유는 이 텍스트들이 위로로서의 예술이라는 개념을 떠나서 예술의 새로운 가능성을 이야기 하고 있기 때문이다. 재거론 하고자 하는 프로이트의 예술 텍스트는 「레오나르도 다 빈치의 유년의 기억」, 「미켈란젤로의 모세상」 그리고 「두려운 낯설음」이다. 다 빈치의 동성애 성향으로부터 그의 예술 세계를 조명하는 프로이트는 '모나리자 상이 그의 정신을 형성하고 있던 깊은 층들이 다시 활동을 하기 시작했음을' 그리고 이 퇴행이 어머니의 행복하고도 관능적인 미소에 대한 추억을 다시 불러일으키는 승화적인 예술 작품으로 나타났음을 주목하고 있다.(프로이트, 「레오나르도 다 빈치의 유년의 기억」, p. 257) 「두려운 낯설음」에는 여자의 성기의 두려운 낯설음 (p.439)에 대한 언급이 있는데 이러한 다 빈치의 해석은 「두려운 낯설음」의 주제를 예비하는 것이기도 하다. 또한 "인생 말년에 접어들어 얻게 된 깊은 예지를 표현한 문장들 속에는 하느님의 선하심과 은총에는 어떤 위안도 구하지 않은 채 오직 Ananke에, 즉 자연의 법칙들에 복종하는 인간의 체념이 숨쉬고 있다." 라고 주목하고 있다. 시종일관 레오나르도 다 빈치의 예술 세계를 동성애 환상의 체제에 따라 분석하던 프로이트가 사유의 전능성으로서의 예술개념과 어긋난 아난케의 개념을 제기하고 있다는 것은 단순히 위로의 환상으로서 예술작품을 바라본 관점과 어긋나는 것이다. 그렇다면 또한 「미켈란젤로의 모세상」으로 되돌아가 보자. 우리는 이미 이 텍스트가 오이디푸스 콤플렉스와 연관된 모세의 이야기라기보다는 조각상 자체에 새겨진 한 인간으로서의 '외면적 평온'과 '내면적 격정'에 대한 관찰로서 프로이트가 특히 표면적인 의미, 상식적이고 일반적인 의미를 요동치게 하고 작품에 대한 새로운 시선을 던져주는 모세상이라는 예술 작품에 대한 경탄으로부터 이 예술에 관한 저작이 비롯되었음을 살펴보았다. 어떤 의미에서 미켈란젤로의 모세상이란 예술 작품은 프로이트 자신에게 사유의 미궁, 자신의 정체성에 대한 탐구를 부여하는 것이다. 여기에서 또한, 「두려운 낯설음」의 현대적 의미의 중요성이 등장한다. 왜냐하면 「두려운 낯설음」에서 다루어지는 미와 예술론은 현대적 예술론의 중심적인 의제이기도 하다. 왜냐하면 기존의 미학은 긍정적인 것, 즉 미와 숭고의 조화적 가치들에 주로 탐닉해왔기 때문이다. 이 저작에서 프로이트가 다루는 추의 개념은 전통적인 미학에서 비미적인 것이라 칭하던 것들에 대해 정면으로 다루고 있다는 점에서 현대적이라 할 수 있다. 불안, 공포, 두려움은 '위로로서의 예술' 이 목표하는 사유의 전능성을 향하기보다는 사유의 불안, 자아의 불안과 오히려 가깝다. 이러한 텍스트들이 보여주듯이 프로이트의 예술에 대한 사유는 오로지 위로로서의 예술이라는 개념으로 포착할 수 없는 또 다른 방향이 존재함을 우리는 확인할 수 있다.

필자가 위에서 언급했듯이 프로이트는 예술의 영역에서 철저히 자신이 문외한임을 표명하고 있다고 주목한 바 있다. 세 텍스트를 출간 순서대로 나열한다면 「레오나르도 다 빈치의 유년의 기억」은 1910년, 「미켈란젤로의 모세상」은 1914년 (24년에 교정, 27년 추가 연구)에 그리고 「두려운 낯설음」은 1919년에 출간되었다. 특히 프랑수아 스턴(François Stirn)은 「두려운 낯설음」이 프로이트에게서 프로이트의 정신분석학적 이론의 변화들에 나타나는 주요한 주제들이 모순적으로 혼합되어 있다고 주목하고 있다. 그는 「두려운 낯설음」의 불어판 해제에서 이 저작이 프로이트의 이론적 갈림길에서 놓여 있는 위치를 다음과 같이 해석하고 있다.(Freud, *L'inquiétante étrangeté.*) 1914년부터 프로이트는 자기애의 문제를 전면화하고 있고 1919년부터 반복 강박과 죽음욕동의 문제를 중요한 이론적 근거로 제시하고 있다는 것이다. 그리고 「쾌락원칙을 넘어서」가 출간된 해는 1920년임을 상기하자. 이러한 사실은 일차적으로는 이러한 예술텍스트들이 자신의 정신분석에 대한 사유를 갈고 다듬기 위한 여행의 텍스트로 쓰였음을 드러내주고 있다. 특히 이 세 텍스트에서 죽음 욕동에 대한 예비적 성찰이 산만한 방식이지만 분명히 드러나고 있다는 점이다. 그리고 이차적으로는 위로의 예술이 전제하는 쾌락원칙을 너머서 이루어지는 희열(jouissance)로서의 예술의 가능성이 제기되고 있다는 점이다. 이러한 예술의 기능은 무엇일까? 퐁탈리스(Jean-Bertrand Pontalis)는 프로이트가 작품으로부터 사유가 마비되는 갑작스런 상태에 놓이고 있음을 주목하는데 이 상태는 본질적으로 자아의 완고함이 박탈되는 것이며 안전함과 위로로 변화되는 사유의 전능성의 욕망 자체가 쇠퇴하는 어떤 상태임을 주목하고 있다.(Jean-Bertrand Pontalis, p. 279.)

예술은 단순히 쾌락원칙을 넘어서 존재하는 부분이 있다. 그래서『예술, 문학, 정신분석』에 존재하는「무대위에 나타나는 정신이상에 걸린 등장 인물들」이라는 텍스트가 위치한 모호함이 존재한다. 프로이트에 의해서 출판된 적이 없는 이 저작에서 프로이트는 아리스토텔레스의『시학』에 나오는 카타르시스 개념에 따라 그의 해석을 행하고 있지만 최종적으로는 그 의미가 모호해지는 어떤 지점을 지적하고 있다. 그의 질문은 다음과 같다. 어떻게 고통과 절멸 그리고 죽음의 스펙타클이 희열을 산출하는가? 그리고 다른 스펙타클에 의해 야기된 쾌락보다 이 희열은 더욱 위대한 성취를 이루는가? 이러한 질문에 프로이트의 대답은 모호하다. 한편으로 프로이트는 위로로서의 예술의 개념과 유사한 방식으로 아리스토텔레스의 허구적 개연성이라는 개념에서 그 원인을 설명한다. 또 다른 한편으로는 "극은 감정의 가능성을 더욱 깊이 탐구한다는 점에서, 불행의 전조에도 즐거움의 형태를 부여한다는 점에서, 그래서 갈등을 겪는 주인공을 묘사하고, 더 나아가 패배로 괴로워하는 주인공(피학적인 만족 속에서)을 그리고 있다는 점에서 다른 문학 형식과는 다르다. 고통과 불행의 이와 같은 관계가 바로 극의 특징으로 불릴 수 있으며 그것은 처음에 불안과 의혹이 일어났다가는 나중에 완화되는 심각한 극이든 고통이 실제로 구현되는 비극이든 마찬가지이다."(프로이트, 「무대위에 나타나는 정신이상에 걸린 등장 인물들」, p.133.) 피학증은 프로이트의 사유에서 쾌락원칙을 너머서는 것이고 죽음욕동이라는 새로운 개념을 예비시키는 것이기도 하다. 그리고 또한 현대극의 양상을 분석하면서 현대극을 신경증의 양상, 쾌, 불쾌의 오묘한 결합으로서 신경증적 예술의 특성을 분석하고 있기도 하다. 이러한 프로이트의 주장 속에는 단순하지 않고 매우 복잡한 예술적 정서의 변형들이 존재한다. 무엇보다 그것은 사유의 전능성에 따르는 위로로서의 예술이 기반하고 있는 쾌락의 경제학과는 다른 경제학이 존재한다는 것이다. 그것이 죽음 욕동에 대한 그의 사유로 연결되는 것이기도 하다.(Philippe Lacou-Labarthe, p.204. 라쿠-라바르트는 이 저작에서 아리스토텔레스의 비극의 사유를 니체로부터 그리고 프로이트의 죽음 욕동과의 연관성하에서 재검토하고 있다.)

프로이트는 근원적으로 누구나 자신의 죽음을 믿지 않음을 이야기 한다. 우리의 무의식 속에서는 누구나 자신의 영원성을 확신하기 때문이다. 라쿠-라바르트는 진정한 죽음은 표현 불가능한 것임을 이야기한다. 그래서 '죽음으로부터 우리는 어떤 물러남(reflux)만을 파악할 뿐이다'. (Philippe Lacou-Labarthe, p.207.) 우리는 위에서 프로이트가 예술의 근원을 놀이에서 바라보았음을 주목한바 있다. 프로이트의 포르-다 게임은 어머니의 상실로부터 비롯된 실패 놀이 게임이다. 그런데 이 놀이에는 부재와 현존, 상실과 충만의 두 양태가 그 자체안에 존재하고 있다. 어머니의 상실을 기억하면서 아이는 무엇을 예비하는 것일까? 쾌락원칙에 위반되는 이 고통의 놀이를 만들어내면서 아이는 무엇을 경험하는 것일까? 그것은 새로운 삶에 대한 수락을, 자아의 완고함을 너머서, 생의 또다른 가능성을 예비하는 것은 아닐까? 그래서 프로이트에게 예술은 위로를 넘어서 삶의 또 다른 성찰적 가능성을 예비하는 중요한 무엇이기도 하다.

4. 나오며 - 예술과 치료

예술의 두가지 가능성의 문제는 바로 마음치료의 과정에서도 존재하는 양상이다. 프로이트적 치료의 과정은 내담자의 자유연상이나 분석가의 흐릿한 주의(l'attention flottante)라는 원칙에서 구성되어 있다. 자유연상이 중요하지 않거나 잠재적으로 환자를 압박할 수 있는 혼란스러운 기억이 될지라도 일종의 현상학적인 기술방법과 같이 내담자들에게 떠오르는 것은 무엇이든 말하도록 하는 기법이라면 흐릿한 주의라는 기법은 일종의 모순적인 긴장을 표현하고 있는 개념이다. 왜냐하면 일반적으로 주의는 의식적 긴장에 의한 집중을 요하고 '흐릿한'이라는 말은 긴장의 이완을 표현하기 때문이다. 두기법의 목적은 환자의 검열을 무력화하면서 방어기제의 이완을 통해 무의식 심층에서 떠오르는 흐릿한 이미지들을 자유연상에 따라 의식의 수면위로 떠오르게 하고 내담자와 분석가는 서서히 언어적 실천을 통해 이 이미지들이 향하고 있는 근원적 서사를 향해 나아가게 하는데 있다. (정락길, 『인문치료』 중 「예술치료」, p. 188.) 이 과정에서 자신을 좀 놓아두는 자세와 이 만남의 장소에서 일어나는 모든 현상을 흩어지게 하지 않고 버티어 경험의 밀도를 조장하는 객관화 작업은 무엇보다도 내담자와 분석가가 감당해야할 과정이기도 하다.

여기에는 쾌락의 단념과 유보의 과정이 있다. 이 과정은 단순한 위로의 과정으로부터 서서히 진행되는 과정이기도 하다. 누구나 예외로 인정받기를 원하고 있고 다른 사람들과 비교해 특전을 누리고 싶어 한다는 것은 의심할 여지가 없는 사실이라고 이미 프로이트는 「정신분석에 의해서 드러난 몇 가지 인물 유형」에서 주목한 바 있다. 이 자아의 완고함, 사유의 전능성의 욕망을 부수는 것, 어떤 의미에서 뛰어난 예술 작품은 이것을 작품으로부터 관객에게 야기시킨다. 임상의 상황에서 이것은 심한 저항이 발생하는 것이기도 하다. 그래서 정신분석을 해석의 예술이라고 명명했던 것일까? 상실의 경험을 저항 없이 내담자가 수락할 수 있을까? 그러한 경험으로부터 새로운 탄생의 가능성을 예비하는 것, 아마도 그것을 프로이트는 예술작품 속에서 예감한 것은 아닐까 생각된다.

참고문헌

강원대학교 인문과학연구소 엮음, 『인문치료』, 강원대학교 출판부, 2009.

지그문트 프로이트, 『예술, 문학, 정신분석』, 정장진 역, 열린책들, 1996.

, 『농담과 무의식의 관계』, 임인주 역, 열린책들, 1997.

, 『정신분석학의 근본 개념』, 윤희기 박찬부 역, 열린책들, 1997.

, 『일상생활의 정신병리학』, 이한우 역, 열린책들, 1997.

, 『종교의 기원』, 이윤기 역, 열린책들, 1997.

장 라플랑슈, 장 베르트랑 퐁탈리스, 『정신분석 사전』, 열린책들, 2005.

Jean-Bertrand Pontalis, *Perdre de vue*, Paris, Gallimard, 1988.

Sigmund Freud, *L'inquiétante étrangeté*. trad. Marie Bonaparte (Traduction), E. Marty , Interférences, 2009.

Octave Mannoni, *Freud*, coll. Écrivains de toujours/Seuil, 1968.

Philippe Lacou-Labarthe, *Le sujet de la philosophie,* Aubier-Flammarion, 1979.

승화로 이해하는 예술심리치료

강 경 선

물리학적인 의미에서 승화(sublimation)는 고체가 액체 상태를 거치지 않고 기체 상태로 변하는 것을 의미한다. 반면 정신역동치료의 세계에서 승화의 의미는 '단계를 건너뛴다'는 단순한 의미를 넘어 기존의 정신 에너지의 카타르시스적 변환을 의미한다. 프로이트는 그의 정신분석학 이론에서 승화를 본능 에너지인 리비도가 사회적으로 용납되는 방식을 통해 표현되는 것, 즉 성적 에너지의 예술적 변형으로 보고 있다. 다시 말해 비성적인(non-sexual) 대상을 통해서 리비도가 충족되는 행위를 '승화'라고 명명하고 있는 것이다. 예술을 통한 리비도의 충족은 순화되고 정제된 형태로 진행될 수 있다. 음악, 미술, 문학, 무용 등 모든 예술 활동은 상징이라는 함축적이고 비밀스런 표현을 만들어내고 예술에 나타난 상징은 정신분석에서 인간의 무의식을 해석하는 핵심 도구가 된다. 결국 정신분석에서 승화는 구체적인 예술활동을 통해 정신에너지가 표출되는 작용이다. 무의식속 본능 에너지를 예술로 승화하고 그 작품의 분석을 통해 다시 인간의 무의식을 들여다본다는 예술에 대한 정신분석적 해석은 예술이 심리치료에서 중요한 치료기전이 될 수 있음을 시사한다.

예술심리치료에서 '예술적 표현'은 치료의 핵심기전이다. 왜냐하면 예술적 표현은 내담자의 내적 세계를 예술행위를 통해 승화시킴으로써 이성의 통제를 피해 억압된 몸에 자유를 부여하고 이러한 과정은 결국 심리적 보상을 가져다주어 소위 '치료'라는 마음의 변화를 유도하기 때문이다. 예술적 표현은 특히 소망 충족적 승화일 때 심리변화 유도의 힘을 갖는다. 프로이트는 예술창작에 나타난 소망 충족적 표현에 대하여 "주체를 더욱 고양시켜줄 야망 가득한 소원"으로 정의한다. 이것은 예술을 통한 소망충족이 창조자에게 어떤 방식으로든 긍정적 영향을 줌을 시사한다. 즉, 예술심리치료의 관점에서 보면 소망충족적 표현 그 자체가 내담자에게 치료적인 것이다. 그러나 의식의 개입을 치료의 궁극적 목적으로 하는 예술심리치료는 예술적 표현을 통한 카타르시스적 승화를 넘어 표현을 통해 자신에 대한 올바른 인식까지도 치료의 목표로 삼아야 한다.

정신분석에서 승화는 자아를 불안으로부터 보호하려는 정신의 방어기제 중 하나다. 정신분석 이론에 따르면 인간은 불안을 두려워한다. 불안은 유쾌하지 않은 것이기 때문에 그것으로부터 자신을 보호하고자 하는 것이다. 불안은 대개 우리가 살면서 부딪히게 되는 일상적인 위협이나 불행의 형태로 바깥세상에서 유래하는 것과 본능의 만족을 요구하는 이드가 유도하는 것, 그리고 초자아의 양심의 위협에서 유래되는 것이 있다. 자아는 이 세 가지 불안 유도 요인들에 기인하는 위협적 불안에 대해 적절하게 대체하기 위한 방편으로 방어기제를 사용한다.

이러한 자아의 방어기제 중 하나인 승화는 여타 방어기제들과 다른 양상을 갖는다. 승화는 자아의 다른 방어기제들처럼 역기능적 부작용을 갖고 있지 않고 인간과 인류역사에 순기능적 역할을 수행한다. 승화는 문명을 이루기 위한 필수조건이다. 프로이트는 『문명에서의 불만』에서 실용성도 약하고 문화적으로도 꼭 필요한 것이 아닌 '미'를 문명형성에 없어서는 안 되는 존재로 인식한다. 왜냐하면 인간이 미를 추구하는 것은 근본적으로 인류의 생존과 번식을 위해 본능 에너지를 문명으로 전환할 필요에 의해서 나타난 현상이기 때문이다. 프로이트의 예술에 대한 이러한 관점은 예술이 인류 진화 과정에서 우연한 산물이 아닌 종의 생존과 번식을 위해 자발적으로 발생한 적응의 산물임을 상정하는 것이다. 물론 그의 예술에 대한 기본적인 이론은 성이라는 큰 틀 안에서 이해되고 있다는 점은 만인주지의 사실이다.

프로이트는 예술을 신경증의 산물로 간주한 대표적인 인물이다. 그는 예술 활동은 인간의 근원적인 욕동인 리비도의 승화에 불과하다고 말한다. 여기서 우리는 프로이트가 아리스토적인 관점에서 예술적 행위를 감정의 배설(catharsis)을 통한 쾌락추구로 성행위와 동일시 한다는 점을 어렵지 않게 인식할 수 있다. 예를 들어 극에서 카타르시스가 감정의 불안을 방출하고 마음의 평화를 느끼는 것이라며 성행위에서 오르가즘은 몸의 불안을 해소하고 몸의 평화를 얻는 것이다. 둘 다 감정의 찌꺼기를 배출하는 감정의 정화이고 근원적 불안을 잠정적으로 해소하는 방식이다. 프로이트는 그의 글 『문명에서의 불만』에서 미의 본질과 근원은 과학적으로 설명할 수 없지만 미적 체험이 성적감흥의 영역인 것만은 분명하다고 밝히고 있다.

아름다움을 추구하는 예술이 어떻게 성적 감흥과 같은가? 에로스라고도 표현되는 성적에너지 리비도는 유아기적 성에서 발현하여 일생동안 인간을 지배하는 정신 에너지이다. 인간이 가장 완벽한 평안을 느끼는 길은 다시 어머니와 하나가 되는 길인데 그것은 현실에서 불가능하다. 따라서 3, 4세부터 유아는 사회를 배우고 어머니 아닌 다른 대상을 꿈꾸게 된다. 그러나 한 번 자리 잡은 성적 감흥은 몸을 떠나지 않고 어른이 되어서 까지 모든 행위에서 이 근원적 성적 감흥을 경험하려한다. 즉 어머니와의 몸과 결합되는 것이 금지되면 그것을 대치 할 수 있는 무엇인가를 찾는데 그것이 백일몽과 같은 환상이며 이 환상이 예술창조의 원천인 것이다. 프로이트는 그의 글 『창조적 작가와 백일몽』에서 다음과 같이 말한다.

> 사실 우리는 결코 아무것도 포기하지 않는다. 우리는 그저 하나를 다른 하나로 바꿀 뿐이다. 단념하는 것처럼 보이는 것은 대치나 대리의 형태일 뿐이다. 같은 방식으로 성장한 아이는 유희를 멈출 때 아무것도 포기하지 않는다. 대신 이제 실제의 대상과 연결할 뿐이다. 유희하는 대신에 그는 이제 상상을 그린다. 그는 공중에 성을 짓고 백일몽이라 부르는 것을 창조한다.

즉 프로이트의 이론적 원리에 따르며 예술가는 이러한 유희의 소망을 환상에서 멈추지 않고 미학적으로 승화시키는데 만약 그것이 서사의 형식을 갖춘다면 문학작품이고 시각적 상징의 표현이라며 미술작품이고 음악적 표현이라며 음악을 통한 소망충족인 것이다.

이러한 그의 예술에 대한 분석은 인간의 모든 행위를 성으로 환원하여 설명하는 지나치게 범성욕론적 관점이라는 비난을 받게 된다. 그러나 그의 예술에 대한 성적 승화론은 그의 일생동안 일관성을 갖는 주장은 아니었다. 프로이트는 그의『성욕에 관한 세 편의 에세이』에서 자신이 주장하는 리비도가 단순히 성욕으로만 치환되는 의미는 아니며 본질적으로 리비도는 플라톤의 에로스의 개념과 가깝다고 주장한다. 즉 프로이트는 인간 무의식속 정신 욕동의 에너지인 리비도가 단순히 '성'이라는 것만을 의미하지 않는다는 것을 역설하려 했던 것이다. 그렇다면 플라톤의 에로스는 어떠한 개념을 갖는 것일까? 신화에서 에로스는 풍요의 신(Poros)과 가난의 여신(Penia) 사이에 태어나 완전한 풍요와 완전한 빈곤 그 어디에도 속하지 않는 중간자로 신도 짐승도 아닌 인간의 지위를 상징한다. 인간은 신의 불멸성과 전지전능함을 갖추지는 못하였지만 동물과 달리 고귀한(sublime) 속성을 가지고 있다. 즉 인간은 태생적으로 자신 안에 불충분안 신성의 무엇인가를 갈망하는 상태로 태어나고 그것을 갈구하는 것이다.

플라톤의 에로스 개념은 주지하듯 고귀한 영혼을 위한 아름다움과 진리의 추구이며 동시에 신성을 추구하는 인간의 고귀한 본능이다. 그런데 이러한 욕망은 처음부터 신성을 추구하는 것이 아니라 사다리의 계단같이 낮은 수준의 욕망에서 높은 수준까지 단계적으로 밟아서 발현된다. 그 중 에로스의 가장 하위 단계가 육체적 아름다움에 자극받아 성적 결합을 추구하는 단계로 일반적으로 우리가 알고 있는 프로이트의 리비도 이론과 맥락을 같이한다. 에로스적 욕망은 상위 단계로 갈수록 추상적 아름다움, 진리, 불멸성과 같은 영혼의 고귀함과 신성을 추구한다. 프로이트가 의미한 플라톤의 에로스의 개념과 가깝다는 말은 여기서 리비도가 비성적인 영역까지 포함한다는 말이다. 그러나 불행히도 프로이트는 리비도의 비성적인 영역이 무엇인지에 대해 끝까지 언급이 없었다.

프로이트는 생의 후기 죽음의 충동인 '타나토스'에 관심을 가지면서 예술적 승화를 욕망의 배설을 통한 정신세계의 긴장이완으로 해석한다. 즉 죽음을 통한 완벽한 긴장이완 상태도 일종의 승화라는 것이다. 예술의 틀과 형식이 주는 긴장고조와 해결이라는 구도에서 인간은 죽음충동을 일시적으로 해소시켜주는 긴장이완을 경험함으로서 본능을 충족시킨다. 이것은 초기 아리스토텔레스적 해석인 예술을 배설을 통한 감정의 정화, 즉 성적 에너지의 대체물로 보는 관점과는 사뭇 다른 개념의 해석으로 볼 수 있다.

예술에 대한 프로이트의 관점은 본능 에너지의 승화라는 점에서 일관성을 갖지만 그 승화의 실체에 대해서는 애매모호한 태도를 취하고 있다. 프로이트에 따르면 양가적 성격의 에로스와 타나토스 모두는 승화 이전의 예술의 발원 에너지다. 그리고 에로스 역시 단순 성적 욕망만을 의미하지 않는다는 모호한 주장을 펼치고 있다.

프로이트는 예술적 행위와 예술가들에 대한 신경질적 반응으로 유명한 인물이었다. 그는 한편으로 문학과 미술에서 위대한 예술작품들을 칭송하면서도 다른 한편으로는 예술작품과 신경증을 같은 산물로 간주하는 예술 폄하적 태도로 양가적인 모습을 보인다. 특히 문학에 조예가 깊었던 프로이트에게 위대한 문학작품속의 인물들과 작가들의 정신분석은 인간의 정신세계를 이해하는 중요한 창구가 되었다. 그러나 그는 예술작품을 통해 인간의 어두운 무의식의 세계만을 들추어내려는 노력만 했을 뿐 미적체험과 예술창조의 욕구 저변에 긍정적 에너지의 힘의 원천에 대한 어떠한 언급도 하지 않았다. 그는 가장 기본적인 신경증적 예술충동과 진정한 예술충동을 구분하기 위한 어떠한 노력도 하지 않은 것처럼 보인다. 이것은 아마 예술의 알 수 없는 실체 에너지에 대한 그의 과민한 반응이었을 수도 있을 것이다.

1. 예술심리치료에서 치료적 기능으로서의 승화

예술심리치료는 때론 '표현예술치료'(expressive arts therapy)라는 말로 지칭되기도 한다. 여기서 '표현'이라는 말이 강조되고 있는 것에서 알 수 있듯이 예술심리치료에서 '표현'이라는 행위는 치료의 일차적 목표(objective)이고 동시에 최종적 목적(goal)이 될 수도 있다. 다시 말해 예술심리치료에서 내담자의 예술적 행위는 내담자를 파악하기 위한, 즉 그들의 심리적 상태를 평가 하는 자료인 동시에 표현 그 자체가 치료적 역할을 수행하는 도구이기도 한 것이다. 또한 내담자는 예술을 통해 자신의 내적 세계 안에 있던 기억의 조각들, 갈등, 욕망 등을 구체화 하면서 자신과 그리고 자신을 둘러싼 현실에 대하여 새로운 통찰의 기회를 갖는다. 이에 대하여 김익진은 다음과 같이 말한다.

> 창작은 개념을 구상화하는 작업이며 동시에 상상력과 본능을 자극하고 사고를 유도하며 감정을 일깨우는 작업이기도 하다. 환자와 치료자는 이 창작물을 통해 환자의 내면자아의 일부분 혹은 전부를 접하게 되면서 새로운 비전이나 행동동기를 찾아내어 정신적 혹은 정서적 치료효과를 느낄 수 있다

김익진의 주장에 따르면 예술심리치료에서 예술행위, 즉 예술창조의 행위는 표현을 통해 심리적 이슈나 문제행동의 이면기제를 발견하는 행위임과 동시에 그것의 해결과정임을 의미한다. 그렇다면 예술심리치료에서 예술적 표현을 통한 승화만으로는 치료적이라 할 수 없는 것일까? 자신의 내적세계에 대한 인지적 분석을 대동한 통찰이 꼭 필요한 것일까? 예술심리치료에서 '예술적 표현' 자체와 표현을 통한 통찰의 획득 사이에서 어느 쪽을 치료의 궁극적인 목적으로 삼아야하는지는 치료사의 철학에 따라 다를 수 있다. 이것은 또한 예술심리치료에서 내담자의 작품을 분석 또는 해석하여야 하는지 아닌지에 대한 논쟁과도 같은 맥락을 갖는다. 프랑스 뚜르 예술치료 대학의 리샤르 포레스티에(Richard Forestier)는 심리치료와 예술치료의 차이점의 비교에서 표현된 창작물에 대한 치료사의 해석은 예술치료에서 불필요한 부분으로 지적한다. 왜냐하면 예술치료의 목적은 내담자의 표현능력을 키워주는 것이므로 결과물에 대한 분석은 필요하지 않다는 입장이다. 포레스티에의 주

장은 표면적으로는 예술치료사의 역할에 대한 정의 같지만 그 이면에는 예술치료의 궁극적 목적이 예술적 표현 자체에 있음을 내포한다. 치료사는 내담자의 내적 세계를 예술이란 도구를 빌어 최대한 표현 할 수 있도록 이끌어주는 사람으로 작품에 대한 해석을 통해 내담자에게 어떠한 통찰을 갖도록 하는 사람은 아니라는 것이다. 반면 미국의 애펠래치아 표현예술치료에서는 예술적 표현을 통한 자기 통찰과 더불어 마지막 단계인 세상으로 예술 가져오기를 통해 예술작품을 통한 자기와의 통합 그리고 사회와의 통합까지를 치료의 궁극적 목적으로 본다. 예술치료에 있어 예술행위의 어느 특정 단계가 '치료적'이라고 정의하는 일은 예술을 정의하는 것만큼이나 복잡하고 일관성을 갖기 힘든 작업이다. 예술심리치료에서 표현과정과 표현을 통한 통찰과정 사이의 어느 수준에서 부터 진정한 예술치료인지에 대해 정의내리는 일은 큰 의미가 없다. 예술적 승화와 승화를 통한 자기 통찰 모두 치료적 가치와 의미를 지니기 때문이다. 다시 말해 예술심리치료에서 승화는 두 가지 차원에서 행해질 수 있다. 하나는 예술행위가 욕망을 충족시키기 위한 표현행위로서의 가치를 지니는 차원이며 또 다른 하나는 예술적 표현을 통해 성찰의 깊이와 폭이 확대되는 차원이다. 즉, 불만표출과 소망충족적 예술창조를 통한 카타르시스는 심리적 변화의 동인으로서 치료적 효과를 지니며 그 다음 단계에 이루어지는 통찰행위 역시 치료적 기제의 일부분인 것이다. 카타르시스적 승화가 '비움의 정화치료'라면 승화과정을 경험하며 얻게 되는 통찰은 '채움의 보완치료'다.

1.1 소망충족의 승화

1.1.1. 아름다운 불만

예술가들이 왜 창조하는가에 대한 질문에 대한 정신분석적 답은 한마디로 불만이 예술을 낳았다는 것이다. 프로이트의 리비도 이론에서 예술창조의 힘이라는 것이 과장된 억측이라고 비난받는 것을 감안하더라도 예술가들이 그들의 환상을 예술을 통해 구현함으로서 현실로부터 자신들을 방어하고 보호했음은 부정할 수 없다. 여기서 불만(discontent)은 정신분석에서의 욕동(drive)과는 다른 의미를 지닌다. 욕동(drive)이 무의식적 에너지라면 불만은 인간이 의식하는 현실과 이상 사이의 괴리에서 오는 갈등의 산물이다. 다시 말해 무의식적 욕망이던 의식적 불만이던 예술은 불만의 미적 표현이다. 즉 환상은 현실에 대한 불만에서 발원한다. 이것은 특히 구체적 내용을 갖는 문학작품에서 가장 뚜렷이 드러난다. 작가가 현실과 대조되는 환상을 문학작품 속에서 표현하면서 대리충족 또는 소망충족을 경험했음을 알 수 있는 작품들은 어렵지 않게 찾을 수 있다. 이러한 작품은 높은 예술성을 인정받는 작품에서부터 소위 가장 큰 대중적 영향력을 미치는 드라마, 영화, 대중소설에까지 다양하다.

영국의 작가 프레드릭 롤프(Frederick Rolfe, 1860-1913)는 그의 작품 『하드리안 7세』에서 학생시절 신학대학에서 쫓겨난 주인공이 온갖 역경을 이겨내고 영국인으로 20년 후 교황의 자리까지 이르는 이야기를 그리고 있다. 실제 프레드릭은 동성애자라는 이유로 신학대학에서 쫓겨나 정신질환을 앓다가 비참하게 삶을 마감한 작가였다. 그러나 그의 작품속의 인물은 신학대학에서 쫓겨나는 핍박 속에서도 마침내 최고의 종교지도자인 교황이 되는 성공적인 인물로 그려진다. 작품 속의 주인공과 작가는 신학대학에서 쫓겨났다는 공통점이 있다. 그러나 현실의 자신은 사회적으로 소외받는 동성애자인 반면 작품속의 인물은 각박한 현실을 극복하고 최고의 성공을 이루어낸다는 차이점이 있다. 작품속의 인물은 작가의 이상화(idealisation)된 모습이다. 강한 소망 충족의 대체물인 것이다.

우리 문학사에서 김유정 역시 자신이 처한 삶의 무게와 어려움을 작품 속에서 유머와 해학으로 풀어나간 대표적인 인물이다. 김유정은 부모를 일찍 여의고 가족관계는 불행했으며, 낙제, 실연, 무직, 말더듬, 질병 등으로 우울증에 회피성 장애, 경계선성 장애, 편집성 장애 그리고 양극성 장애가 중첩된 실로 비극적이고 고달픈 삶을 살았다. 하지만 그는 이런 환경에 처한 자신의 삶을 글쓰기를 통해 극복한 인물이다. 김유정은 소극적이고 내향적이며 사람들을 회피하는 전형적인 은둔형 인간이었지만 그의 작품속의 등장인물들은 비극적 상황 속에서도 절망하지 않고 우직한 삶을 이어간다. 김유정은 비극적인 삶을 허구의 작품 속에서 희극적인 세계로 변환시킴으로서 비극적인 현실에 대해 김유정이 지닌 일종의 방어기제라고 볼 수 있다. 다시 말해 김유정의 글쓰기를 통한 성숙한 방어 책략은 그가 작품 속에서 자신의 의식적 소망을 충족시킴으로서 자신의 불만을 해소하는 방식이었던 것이다. 이러한 의미에서 우리는 김유정을 글쓰기를 통해 자신의 우울증을 극복한 인물로, 소망충족적인 예술적 표현 자체만으로도 치료 효과를 본 대표적인 사례로 볼 수 있다.

음악에서도 음악가의 불만을 음악을 통해 표출하거나 음악 안에서 대리 충족하는 현상 흔하다. 글이라는 직접적인 표현 수단보다는 음악은 추상적이고 상징적인 표현이어서 문화 의존적이지만 음악에 나타난 내용은 인간의 보편적인 감정을 다루고 음악 안에서 소망충족 꿈꾼다.

이러한 소망 충족적 환상은 직접적인 창조 작업을 통해서 뿐만 아니라 간접적 경험을 통해서도 쉽게 이루어진다. 그리고 많은 사람들의 보편적인 소망이나 현실적 불만 또는 도피적 내용을 담은 예술은 대중적 사랑을 받는다. 그 대표적인 예로 여성들의 신데렐라 콤플렉스를 자극하는 로맨스 소설이나 이러한 내용의 드라마나 영화들을 들 수 있다. 작품속의 여주인공들은 공통적으로 역경을 딛고 멋진 왕자님과 같은 완벽한 조건을 갖춘 남자를 만나 낭만적인 사랑을 이룬다. 그 누구나 알고 있는 결말을 지연시키기 위해 작가는 다양한 종류의 오해와 관계의 엇갈림을 고안해 내고 이 플롯의 질이 작품의 대중적 인기의 성공을 좌우한다. 이러한 통속적 내용은 시대와 문화를 초월하여 어디에서나 존재해왔었고 여성들의 낭만적인 사랑과 완벽한 배우자에 대한 소망을 충족시켜주어 왔다. 종종 비평가들은 이러한 내용의 작품을 통속적인 신데렐라 스토리라 비난하지만 사람들은 비난과 상관없이 그 내용에 감정을 이입하고 이상화된 주인공을 통해 대리만족을 경험한다. 물론 신데렐라 스토리에 열광하는 모든 여성들이 현실의 자신의 모습이나 배우자에게 불만을 가지고 있다고 단언할 수 없다. 그러나 분명한 것은 현실세계에서 성취할 수 없는 대체물일수록 사람들은 열광한다는 사실이다. 예를 들어 똑같은 로맨스 소설의 이야기 구조라도 그 배경이 상류사회라면 사람들은 자신들과 동떨어진 세계에 대한 동경으로 그 작품에 더 매혹된다. 이 동경은 결국 열등한 현실을 대체해 주는 것에 대한 열광인 것이다. 프로이트는 그의 글『창조적 작가와 몽상』에서 다음과 같이 말한다.

> 행복한 사람들은 몽상을 좇지 않는다. 오직 만족을 모르는 자들만이 몽상을 좇을 지도 모른다. 충족되지 못한 욕망은 몽상을 움직이는 힘이고, 모든 몽상은 욕망의 완결이며 동시에 만족을 주지 못하는 현실에 대한 보상이다. 몽상을 움직이는 욕망은 몽상을 좇는 사람들의 성별과 성격, 생활환경에 따라 다르다. 그러나 이들이 그들이 지향하는 두 가지 주된 방향에 따라 두 그룹으로 나뉠 수 있다. 하나는 자신의 격을 높이려는 야망과 관련된 욕망이고 다른 하나는 성적 욕망이다.

프로이트 역시 성적 욕망과 함께 소망충족적인 몽상이 창조적 작품을 만드는 힘이라고 역설함으로서 현실적 불만과 예술탄생의 연관성을 밝히고 있다. 프로이트는 예술행위와 신경증적 증상을 구별하지 않는다는 점에서 예술을 욕망의 대체물이자 현실의 도피처로 보고 있는 것이다.

예술작품 창조와 간접경험을 통한 대리충족은 일시적으로 현실을 도피할 수 있는 기회를 주는 달콤한 경험이다. 만약 인간이 모든 것에 만족한다면 우리는 문명의 산물인 미적 결과물들, 즉 예술을 만들어 내지 못했을 것이다. 불만은 몽상을 만들고 몽상은 예술을 만든다. 그렇다면 예술은 현실도피인가? 그렇게 단정 짓기는 어려울 것이다. 불만에 대한 승화가 단순한 현실도피라고 치부해 버린다면 오늘날 예술심리치료라는 치료방법은 나타나지 못했을 것이다. 현실도피로서의 예술은 결코 발전적 치료가 될 수 없기 때문이다. 예술이 치료적인 이유는 예술 표현, 창조, 경험이 인간의 몸과 마음을 자아의 검열에서 자유롭게 풀어주고 불만 또는 욕망의 실체에 대한 통찰을 수행하게 함으로써 통합적 자아를 형성하는데 도움을 주기 때문이다.

1.1.2. 예술심리치료에서 예술을 통한 소망충족

예술이 왜 치료적인가? 라는 질문에 예술심리치료사들은 흔히 '말로 표현하기 힘든 것을 표현하게 해준다.'라는 답을 한다. 여기서 나타난 암묵적인 의도는 언어 중심의 심리치료와 예술치료의 차이점과 동시에 치료에서 언어의 한계를 뛰어넘는 예술표현의 치료적 효과성에 대한 확신일 것이다. 그렇다면 '말로 표현하기 힘든' 이란 의미는 무엇일까? 여기에는 의식을 송두리째 흔들고 있으나 그 실체를 전혀 드러내지 않는 무의식의 에너지, 전의식 속에서 언제든지 뛰쳐나올 수 있는 기억들 그리고 언어라는 표현체계로는 정확하게 전달되기 어려운 의식속의 감정 등을 모두 포함한다고 볼 수 있다. 다시 말해 '말로 표현하기 힘든' 이란 표현은 '말로 표현할 수 없는, 말로 표현하기 부적절한'의 의미를 모두 담고 있다.

그만큼 언어라는 소통의 도구는 치료과정에서 인간의 마음을 표현하고 다루는데 분명한 한계점을 가지고 있다. 이러한 언어 중심의 심리치료의 한계점을 보완해 주는 예술치료에 대하여 권석만은 다음과 같이 말한다.

> 언어는 우리의 마음 담아 표현하기에는 너무나 불완전하고 제한된 그릇이다. 사실 우리는 과거 경험의 많은 부분들을 언어적 명제의 형태보다 시각적 이미지의 형태로 기억 속에 담고 있다. 이러한 시각적 이미지 속에 포함되어 있고 풍부하고 생생하며 미묘한 경험들은 언어로 표현되는 과정에서 퇴색되고 왜곡되어버린다.

의식 속에서 꺼내오는 기억은 개인의 지각 경험의 정도에 따라 그 객관성과 정확성을 보장할 수 없으며 늘 왜곡이라는 그림자를 동반하고 있다. 그리고 그런 기억을 다시 언어로 표현하는 과정에서 또 다른 이차 왜곡의 위험이 개입한다. 결국 심리치료에서 언어를 통한 표현에는 두 번의 왜곡된 그림자가 드리워질 가능성이 짙은 것이다.

언어가 이성적 자기표현이라면 예술은 감성적 자기표현이다. 인간이 몸과 마음으로 구성되었다는 데카르트의 이원론적 입장에서 본다면 마음은 이성이고 몸은 비이성적인 감성이며 이를 다시 심리치료에 대입하면 예술심리치료는 이성이 간섭하지 않는 직접적이고 본능적인 몸의 치료로 볼 수 있다. 물론 여기서 몸은 상징적으로 플라톤이 주장했던 것처럼 남성적인 절대 이성과 대비되는 여성적이고 감성적이며 아기가 느끼는 열등한 감흥과도 같은 것이다. 그렇다면 과연 예술심리치료는 어떻게 몸과 마음을 치료할 수 있을까?

우선 정신에너지의 발산인 '표현'과 '예술적 표현'의 구분을 통해 예술심리치료에서 예술적 표현이 주는 치료적 의미와 가치를 살펴보자. '표현'과 '예술적 표현'의 차이는 미의 추구다. 미를 추구하는 '예술적 표현'이 격식에 맞는 옷을 입고 무도회장에서 왈츠와 같은 형식의 춤을 추는 것이라면 '표현'은 벌거벗은 채로 아무런 형식 없이 몸을 흔드는 것에 불과하다. 두 행위 모두 에너지의 발산을 통해 정서적 카타르시스를 가져올 수 있으나 문명이라는 옷과 형식을 갖추지 않은 후자는 타인들에게 노출되었을 때 수치심과 불쾌감을 준다. 즉, 미학적 승화 그리고 그 안에서의 소망충족은 그 자체가 몸의 자유를 주는 해방이자 치료이면서 동시에 자아를 보호할 수 있는 틀을 제공해주는 일종의 안전장치가 마련된 카타르시스 행위인 것이다. 이성의 검열로 드러날 수 있는 수치심이나 죄책감은 예술이라는 아름다운 옷을 통해 가려지고 이성의 검열을 피해 내면자아는 드디어 자유로운 세상으로 나온다.

그리기나 만들기를 치료 매개로 하는 많은 미술치료 임상연구 논문에서는 내담자의 미술작품이 치료과정에서 어떻게 변하는지를 보여준다. 자신을 억압으로부터 해방할수록 그리고 자신의 소망충족을 미술작품을 통해 표현할수록 내담자의 작품은 안정감을 찾아간다. 그리고 작품의 변화는 내담자의 심적 변화의 표상이기도 하다. 앞에서 언급한 작가 김유정의 경우에서도 이러한 현상은 뚜렷하다. 초기 그의 글쓰기는 자신의 비참한 현실의 자전적 표현으로 작품 속에서 자신의 소망을 충족시키는 수준이었으나 후기작품에서는 단연 밝은 분위기가 돋보인다는 평가를 받는다. 우울증과 비참한 현실에서 김유정의 글쓰기는 몸을 자유롭게 충족시켜주는 치료제이며 영양제였던 것이다.

감정은 경험에 의해 형성된 정신의 역동인데 억압 받을 때면 그 실체가 드러날 때까지 계속해서 개인의 행동에 영향을 미친다. 그리고 마침내 어떤 방식으로든 드러날 때 문제는 해결된다. 이것은 이론적으로 간단한 원리인 것 같지만 자아의 억압에 갇혀있는 감정을 꺼내오는 것은 결코 쉬운 작업은 아니다. 그러나 예술이라는 아름다운 옷을 입을 때 억압된 감정은 상징을 통해 승화된다. 예술을 통한 소망충족은 자아를 억압으로부터 자유롭게 하여 카타르시스적 치료효과와 함께 현실이 가져다준 절망으로부터 심리적 보상을 제공한다. 이렇게 예술표현은 심리적 변화의 동인이 되면서 치료적 의미를 갖는 것이다.

1.2. 예술을 통한 자기통찰

앞에서 우리는 프로이트적 입장에서 볼 때 예술의 발원이 불만이라는 점을 언급했다. 무의식적 욕동이건 의식적 불만이건 우리의 정신에너지는 채워지지 않거나 부족한 것이 있으면 끊임없이 만족을 얻으려 다양한 방법으로 인간의 정신과 행동을 조정한다. 그리고 이러한 정신적 에너지를 예술적 행위를 통해 방출하는 것 자체가 치료적 효과를 가져 온다는 사실도 확인하였다. 그렇다면 예술심리치료에서 의식의 개입은 불필요한 것인가? 라는 질문을 던지게 된다. 결론부터 말하자면 그렇지 않다.

예술심리치료에서 '예술적 표현'이 몸의 치료였다면 예술을 통한 자기통찰은 마음의 치료이다. 여기서 마음은 이성적 통찰을 의미한다. 미국의 애팔래치아 표현예술단체(Appalachian Exresspive Arts Colletive)는 표현예술치료의 전제 중 하나로 예술활동이 기존의 언어중심의 심리치료를 통해 도달하기 힘든 감정과 경험 및 통찰을 가능하게 해주는 심층적 행위라는 점을 강조한다. 즉 예술을 의식에서 인지하지 못하는 그러나 개인의 감정과 생각을 좌지우지하는 무의식의 강력한 접근으로 이해함으로서 언어적 표현을 통한 왜곡의 그림자를 대신해 줄 수 있는 수단으로 간주하는 것이다. 또한 이들은 예술을 통한 통찰이라는 개념을 치료에 중요한 과정으로 도입한다.

애팔래치아 표현예술단체의 주요 활동가들인 에킨스 등은 그들의 저서『표현예술치료: 예술과 삶의 창조적 과정』에서 다음과 같은 창조적 과정의 5단계 모델을 제시한다. '시작하기', '내면으로 들어가기', '내면을 탐색하기', '내면의 목소리 찾기,' '세상으로 예술을 가져오기'. 여기서 3단계인 '내면을 탐색하기'는 의식의 억압을 풀고 진정한 자신의 모습을 자유롭게 표현할 수 있는 상태로 예술심리치료에서 기대하지 않은 무엇인가가 나타나 기뻐하거나 당혹스럽거나 혼란스러운 시기에 해당한다. 다시 말해 3단계는 몸의 자유를 얻는 단계로 예술을 통해 자신의 내적 자아가 외적으로 표출된 상태이다. 다음 4단계 '내면의 목소리 찾기'는 제시하는 단계이다.

이것은 내담자가 예술을 통해 통찰을 얻음으로서 자신의 대한 깊은 깨달음을 얻은 상태를 말한다. 그들은 이 단계를 치료에서 수용, 인정, 신뢰, 책임을 지는 용기 있고 정직한 시간이라고 정의한다. 마지막 5단계 '세상으로 예술가져오기'는 완성된 작품을 세상과 나누고 공유하는 행위로 미술 전시회, 시나 소설작품 출간, 음악공연에 해당한다. 이것은 어떤 형태이건 예술을 삶으로 가져오는 것은 사회에서 성인의 놀이에 해당한다는 믿음과 관련이 있다. 창조적 과정의 5단계 모델은 예술치료의 완성을 표현과 통찰을 넘어 놀이의 역할에 까지 그 범위를 넓히고 있다. 그러나 사실 성인의 놀이인 마지막 5 단계는 문제 중심의 치료의 개념보다는 통합의 개념이 강하므로 치료의 클라이맥스라고 할 수 있는 4단계 통찰의 과정을 살펴보는 것이 우리의 논지를 전개하는데 도움을 줄 수 있을 것이다.

'내면을 탐색하기'와 '내면의 목소리 찾기'의 과정은 예술작품의 표현과정에서 경험한 감각, 지각의 메시지를 감정과 생각이라는 틀로 형상화하고 그 틀을 이성적으로 성찰하는 과정이다. 즉, 몸의 표현이 예술이라면 자신의 몸이 하는 소리를 듣는 것이 자기통찰의 과정이자 마음의 치료이다.

'통찰' 영어의 'insight' 즉, 안을 들여다본다는 의미의 이 단어는 심리치료에서는 자신에 대한 앎의 행위를 지칭한다. 통찰을 치료의 주요 목적을 지향하는 심리치료는 대표적으로 정신분석치료와 인간중심치료를 들 수 있다. 정신분석치료는 과거에 해결하지 못한 감정을 전이관계 속에서 내담자가 재경험을 통해 통찰을 얻는 반면 인간중심치료는 과거 내담자가 수용하지 못했던 감정을 수용하게 함으로서 문제를 해결하려한다. 두 치료의 접근법은 상이한 듯 보이나 둘 다 표현하지 못했던 감정을 현재에 드러나게 하여 문제를 해결 한다는 점과 모두 깊이 있는 통찰을 지향하고 있다는 점에서 공통적인 특질을 지닌다. 정신분석치료와 인간중심치료는 언어를 활용한 소통을 통해 자신의 감정을 의식화하는 과정에서 통찰을 유도한다. 그러나 이것은 앞에서 언급한 언어중심의 심리치료의 한계인 기억의 왜곡과 표현의 한계라는 문제점에 봉착하게 된다. 이러한 한계점을 극복하기 위한 대안으로 정신분석치료와 인간중심치료의 이론을 근간으로 하는 예술치료를 제시할 수 있다. 이러한 형태의 융합적 치료방식은 통찰이라는 깨달음을 촉진해주는 촉매가 필요한 심리치료와 치료적 효과성에 대한 이론적 설명이 부재했던 예술치료의 이상적인 조합이다. 그 대표적인 예는 음악과 미술을 매개체로 활용하며 프로이트나 융의 이론을 바탕으로 하는 분석치료와 로저스의 철학에 바탕을 둔 인본주의 치료 등을 수 있다. 〈분석적 음악치료〉, 〈인간중심의 표현예술치료〉, 〈정신분석 미술치료〉 등 예술심리치료에서 특정 심리치료의 모델을 근간으로 하는 방식은 모두 작품을 통해 또 다른 자신을 바라보거나 들으면서 예술을 통한 내면의 통찰을 유도하는 행위인 것이다.

예술심리치료에서 예술창조는 내적자아와 외적자아의 자연스런 만남이다. 이 만남은 진실한 서로를 발견할 수 있는 기회를 제공하는데 이 과정이 예술심리치료과정에서 예술행위를 통해 경험하는 통찰이다. 치료에서 통찰은 감정을 인식하고 그것을 밖으로 꺼내 놓아 그 실체를 파악하는 것이다. 예술적 행위는 억압된 감정을 드러나게 하고 그 드러난 감정의 실체에 대해 객관적으로 바라 보게 하는 과정에서 치료적 효능을 발휘한다. 올바른 통찰은 변화의 동기를 제공하기 때문이다.

현재 심리치료의 이론들을 모두 합하여 약 250여 가지에 이른다. 이렇듯 다양한 치료이론들을 분류하는 방식에는 여러 가지가 있을 수 있겠으나 크게 치료방법론의 성격을 기준으로 나누면 지지치료와 통찰치료로 양분할 수 있을 것이다. 지지중심 치료는 사실 치료자의 개입이 최소화되어있는 치료방법이라는 점에서 통찰중심의 치료와는 대척점에 서있는 방법이다. 21세기 다양한 미디어의 발달로 인한 현대인들의 수동성 증가는 현재 사회적으로 큰 문제가 되고 있다. 미디어에 노출될수록 우리의 능동성과 창의성은 줄어든다. 미디어의 너무나도 강렬한 이미지들은 우리에게 생각할 기회를 박탈해가기 때문이다. 심지어 코미디 프로그램을 시청할 때도 우리는 자막이 제공하는 정보를 보고 웃는다. 웃는 시점마저 조절당하는 것이다. 21세기가 20세기적인 지지중심의 치료보다는 통찰을 유도하는 보다 적극적인 치료방식에 더 주목해야하는 이유가 여기에 있다. 예술을 통한 심리치료는 이 역할을 가장 잘 수행할 수 있는 치료방법론이다.

우리는 이 글에서 예술심리치료에서 핵심 치료기전인 승화가 어떠한 치료적 의미와 가치를 지니는 지 알아보았다. 예술을 통한 승화는 두 개의 층위에서 진행된다. 하나는 예술행위를 통한 응어리의 배설이라는 의미에서의 승화이며 다른 하나는 표출된 자아에 대한 심층적 분석이라는 의미에서의 승화다. 전자는 흔히 카타르시스라는 말로 표현되며 후자는 통찰이라는 말로 일컬어진다.

물론 카타르시스와 통찰은 예술을 통해서만 얻을 수 있는 것은 아니다. 기존의 심리치료에서도 카타르시스와 통찰은 주요 치료원리였다. 그러나 심리치료에서는 카타르시스와 통찰을 이끌어내기 위해 사용하는 언어라는 매개체는 표현과 소통의 도구로서 한계점을 갖는다. 내면세계의 표현도구로서 언어가 지닌 불완전성을 보충할 수 있는 소통도구로 제안될 수 있는 것이 바로 예술이다. 언어적 표현을 통해 자신의 내적 세계에 대한 통찰을 시도하는 기존의 언어 중심 심리치료와 다르게 예술심리치료는 예술의 상징이라는 표현을 빌어 자신의 내적세계를 자연스럽게 표출한다. 예술이라는 형식을 통해 단순 언어가 지니는 무정형의 폭력성이 제어되면서 동시에 언어로 표현할 때보다 더 많은 자유가 부여된다. 표출되는 자아는 예술이라는 숭고한 옷을 입었기에 자아의 검열을 무리 없이 통과하여 자유롭게 진행될 수 있는 것이다. 예술적 표현을 통한 승화는 내담자에게 내적자아의 외현화 과정에서 보다 깊고 솔직한 배출과 통찰의 기회를 제공한다. 자신에 대한 올바른 통찰은 치료의 궁극적인 목적인 자발적인 자기변화의 동기로 작동한다. 따라서 통찰의 깊이와 솔직성이 커질수록 치료의 효과도 증대될 수 있다. 이것이 예술치료에서의 승화의 효율성이 강조되어야 하는 이유다.

인간의 실체를 파악함에 있어 우리는 몸과 마음을 분리시키는 입장을 취할 수도, 몸과 마음이 불가분의 관계라는 입장을 취할 수도 있다. 그러나 그 입장이 어떠하든 간에 예술행위가 몸을 통해 이루어지고 몸의 행위인 예술이 우리의 마음을 표현하고 또 변화시킬 수 있는 매개체의 역할을 할 수 있다는 사실에 대해서는 이론의 여지가 없다. 카타르시스나 통찰이 우리의 몸과 마음의 작용 중 어디에서 일어나는 가는 중요치 않다. 단지 예술행위가 가져다 줄 수 있는 승화작용은 몸으로 시작되지만 마음으로 이어진다는 사실, 그리고 그 일차적 승화작용이 통찰로 이어질 때 치료의 효과가 극대화될 수 있다는 사실, 마음의 치료에서 치료도구로서의 언어가 지니고 있는 한계를 극복할 수 있는 대안은 예술행위라는 사실에 대해 우리는 공감할 뿐이다.

참고문헌

권택영(2004). 몸과 미학. 서울: 경희대학교 출판국.

권석만(2000). 추천의 글. 주리애, 미술치료는 마술치료(pp. 5-6). 서울: 학지사.

김익진(2008). 프랑스 예술치료의 현황과 그 문화적 의의. 프랑스 문화예술연구, 25, 49-74.

이모영(2009). 예술심리치료에서 미적체험의 치료적 자원에 대한 고찰: 치료미학 논의를 중심으로. 예술심리치료연구, 6(3), 81-104.

유인순(2007). 김유정의 우울증. 현대소설연구, 35, 121-138.

성해영(2009). 프로이트 종교심리학과 비교(comparison)의 정신. 종교연구, 54, 391-422.

허재홍(2008). 정서 심리학 연구로 본 심리치료의 정서문제. 인문과학연구, 20, 217-249.

Atkins, S., & Williams, L. D.(2007). *Sourcebook. in expressive arts therapy*. *Boone*, North Carolina: Parkway Publishers.

Atkins, S., Adams, M., McKinny, C., McKinny, H., Rose, E., Wentworth, J., & Woodworth, J.(2003). *Expressive arts therapy. :Creative process in art & life*. *Boone*, North Carolina: Parkway Publishers.

Freud, S.(2008). 문화에서의 불안 (강영계 역). 서울: 지안지.(원저 1930 출판)

Gay, V. P.(1992). Freud on sublimation: *Reconstruction*. New York: Sunny Press.

Noy, P.(1967). The psychodynamic meaning of music. *Journal of Music Therapy, 4*(1), 7-23.

Storr, A.(1993). *The dynamics of creation*. New York: Ballentaine Books.

※ 이 글은 필자의 논문 「승화로서 예술의 치료적 기능에 관한 고찰」(『예술심리치료연구』 제7권 3호, 2011. 9)을 수정·보완한 것이다.

도날드 위니캇의 예술치료론
놀이 그리고 통찰

정 락 길

1. 들어가며

도날드 위니캇(Donald Winnicott)은 소아과 의사로서 출발하여 제임스 스트레이치(James Strachey)와 조안 리비에르(Joan Riviere) 등에게 자기분석 수련과정을 거쳐 '영국 정신분석가 협회'를 대표하는 중요한 정신분석가가 된 인물이다. 그는 아동과 청소년들을 대상으로 한 많은 임상경험을 바탕으로 임상결과를 발표하고 이 임상결과로부터 시작해 중요한 치료적 사유를 제기하고 있는데 상대적으로 적은 이론적 결과에도 불구하고 임상의 경험 자체가 생생히 녹아 전개되는 그의 이론적 주장은 그래서 심리전문가들만이 아니라 아동 교육자, 인문학자들에게도 의미 있는 전언과 사유를 전하고 있다는 점에서 흥미롭다.

우리가 위니캇의 이론을 좀 더 살펴보고자 하는 이유는 인문치료가 기존의 심리치료와 예술치료의 치료적 실천을 통합적 관점에서 모색하고 있다는 점에 있다. 심리치료의 창시자인 프로이트의 혁신적 치료 방법의 핵심은 자유연상과 소위 토킹 큐어(talking cure)라는 언어중심의 치료이다. 또한 앞글에서 살펴보았듯이 프로이트에게 예술과 예술작품을 통한 정서의 문제는 언어를 통해 작품에 웅크리고 있는 비밀이 해석되어지고 해명되어지는 과정이다. 이러한 해석과 해명에 대한 프로이트의 노력은 정신분석학의 치료적 임무에 대한 부단한 사유의 과정이기도 하다. 프로이트의 사후, 치료에 대한 논의는 카우치에 누워 언어를 중심으로 전개되는 치료 방법으로부터 벗어나 다양한 매체를 통한 치료 기법이 모색되어 왔다. 특히 예술 치료는 예술의 다양한 매체를 통한 표현 중심의 치료방법을 모색하고 있다. 이미 『인문치료의 이론과 원리』중 「인문치료 내에서 영상의 치료적 활용 가능성 모색」이란 논문을 통해서 필자는 위니캇의 사유가 인문치료라는 의제에 중요한 성찰적 가능성을 제기하고 있음을 주목한 바 있다. 특히 그는 아동을 대상으로 스퀴글 게임(squiggle game)과 스파튤라 게임(spatula)을 통해 아동치료의 중요한 임상 사례를 제시하고 있으며 이러한 임상 경험으로부터 중간 대상(transitional object)이란 개념을 제시한 바 있다.(이제훈 역, 1998.) 이 중간 대상이란 개념은 아이가 성숙과정 중에 아이의 자아 바깥에서 발견하고 창조한 최초의 소유물로서 완전한 외부 대상도 아닌 그렇다고 자아에 속하는 것도 아닌 아이의 창조성이 놀이되는 공간이다. 이러한 그의 성찰이 예술치료의 치료적 가능성에 관한 의미 있는 통찰을 제시하고 있다는 점은 많은 학자들에 의해 이미 입증된 것이기도 하다. 그런데 위니캇의 사유가 우리에게 흥미를 끄는 이유는 이러한 중간대상이란 놀이의 과정을 통해 그 자체로부터 치료가 완수되는 것이 아니라 치료에는 중요한 통찰적 과정까지 포함되어 있어야 함을 주장한다는 점에서 인문치료의 주제와 밀접히 연관되어 있다는 사실이고, 또한 상대적으로 위니캇의 이론에 대한 인문치료적 논의가 부재하고 있다는 필자의 의도에서 다시 그의 이론을 재검토할 필요성이 있어 이 저작에서 중요한 주제로 다루고자 한다. 이 글은 이미 발표된 논문에서 필자가 급하고 미진하게 전개했던 부분을 보충하고 그의 의제를 확장하여 이해하는 성격을 띠고 있음을 미리 밝히는 바이다.

2. 중간 대상, 놀이

위니캇의 치료적 입장은 대상관계 이론과 밀접히 연관되어 있다. 대상관계이론은 영국 정신분석 분야에서 독보적인 위치를 점유하게 되는 멜라니 클라인(Melanie Klein)으로부터 비롯된 이론이다. 클라인은 아동을 중심으로 자신의 정신분석이론을 정립했다. 그녀가 우선 주목하는 것은 어린아이의 심리적 기제가 특수하다는 사실이다. 즉 아이는 어른을 치료하는 방식처럼 자유 연상을 행할 수가 없기 때문이다. 왜냐하면 아직 언어를 능수능란하게 구사할 수 없고 특히 언어를 통한 연상을 두려워하기 때문이다. 그래서 클라인은 "이것은 아이들이 그들의 생각을 말할 능력이 없어서가 아니라 불안이 언어적 연상을 가로막기 때문에 아이들은 그것을 할 수 없음"을 주목한다. 그래서 놀이 기법(Play-Technique)은 은유의 노릇을 하고 은유의 제조실이기도 한 연상의 역할을 담당하는데, 이러한 놀이기법의 유용성은 아이들의 불안의 자리를 대치하는 역할을 수행하기 때문이라고 클라인은 주목한다. (토마스, 「클라인」, 『위대한 7인의 정신분석가』, p. 170) 우선 아동을 통해 정신분석 이론을 정립한다는 점, 전통적인 자유 연상을 통한 언어 중심적 기법을 사용하지 않고 놀이를 주요한 기법으로 사용한다는 점에서 위니캇과 클라인의 유사성을 확인할 수 있을 것이다. 여기서 간략히 클라인의 대상관계 이론을 살펴보도록 하자.

대상관계 이론은 프로이트의 중요한 발견으로 평가되는 오이디푸스 콤플렉스 이전의 모자 관계로부터 인간 내면의 탄생과 변화 과정을 가설화하고 있다. 클라인은 이 변화 과정을 편집-분열적 자리와 우울적 자리로 나누고 있다. 어머니에게 전적으로 의존하고 있는 아이에게 젖가슴은 전부인 (부분)대상이다. 젖가슴은 아이의 평안을 주기도 하지만 그것이 부재할 때 아이는 극도의 불안상태, 두려움의 상태에 놓이게 된다. 클라인에 따르면 아이는 어머니의 젖가슴을 둘러싸고 투사와 내사의 과정적 변화를 통해 '좋은 대상'과 '나쁜 대상'을 구분하게 된다. 아이의 요구에 따라 존재하는 어머니의 가슴은 좋은 가슴으로 부재하는 것은 나쁜 가슴으로 분열되어 진다는 것이다. 이러한 좋은 대상과 나쁜 대상의 분열로부터 아이는 내사(introjection)와 투사(projection)의 반복적 과정을 통해 주체로서 자신을 형성되게 되는데 대단히 혼란스럽고 어렵기도 한 클라인의 편집-분열적 시기는 가학증에 의해서 지배되는 시기이기도 하다. 무엇보다 아이에게는 나쁜 젖가슴에 의해 내사되는 불안과 좌절의 환영적 경험이 내사된다. 아이는 그것들을 바깥으로 배출하려고 한다. 즉 투사하려고 노력하지만 그 과정은 잘 이루어지지 않는다. 이 배출의 과정을 클라인은 가학증이 지배하는 시기로 정의하고 있다.(한나 시걸, 『멜라니 클라인』, pp. 48-64.) 전체적으로 이러한 편집-분열적 자리에 대한 클라인의 논의는 여전히 논쟁 중인 이론이고 특히 이 시기에서 아이의 원시적인 오이디푸스 콤플렉스가 존재한다고 하여 자끄 라캉(Jacques Lacan)은 비판적인 시선을 던지고 있기도 하다.

이러한 클라인의 대상관계 이론은 프로이트의 「쾌락 원칙을 넘어서」로부터 시작되는 생 욕동과 죽음 욕동이라는 새로운 욕동이론의 등장과 밀접히 연관되어 있다. 프로이트는 어머니의 가슴을 둘러싸고 성적 욕동과 자아 욕동들이라고 할 수 있는 자기 보존욕동의 두 가지 욕동을 나눈 바 있다. 그런데 이 두 가지 욕동은 마치 아이의 배고픔을 달래주는 모유가 아이의 목을 타고 흘러들어갈 때 배고픔과는 다른 에로스적 쾌락으로 변형되어지듯이 동전의 앞뒤처럼 밀접히 연관되어 있는 것이기도 하다. 프로이트는 자기 보존 욕동이 쾌락원칙에서 현실원칙으로 매우 빨리 전개된다면 성적 욕동은 환영적 방식으로 이루어지고 쾌락원칙이 주요한 기능으로 머물고 있다고 바라본다. 그래서 신경증은 현실에 대한 고려가 진행되지 못한 채 쾌락원칙에 매달려 있을 때 발생한다는 것이다. 이러한 프로이트의 자기보존 욕동과 자아 욕동은 점차 분리되기 시작하고 1915년 이후 점차 자기애(narcissism)와의 연관성하에서 검토되기 시작한다. 게다가 1920년 이후 생욕동과 죽음 욕동 사이에서 모호한 위치를 차지하게 된다. 사실 「쾌락원칙을 넘어서」 이후 프로이트의 죽음에 대한 고찰은 지금도 많은 해석과 저항이 존재하는 논의이다. 그는 죽음욕동의 문제를 삶의 이전의 상태로 돌아가고자 하는 경향으로 설명하고 있는데 그 이유는 조금 더 많은 쾌락을 얻기 위해 쾌락의 지연을 승낙하는 인간의 욕망이론 자체가 심리적 경제론으로는 설명 불가능한 영역이 존재했기 때문이다. 예를 들면 많은 놀이와 예술 작품들에서 고통 자체의 표상이 쾌락의 근원이기도 하기 때문이다. 또한 프로이트는 많은 임상적 결과들에서 발견되는 '불쾌한 상황들을 반복하려는 강박의 본질은 무엇인가?' 하는 질문들에 의문을 제기한다. 이 문제를 프로이트는 생물학적인 설명으로, 그리고 프로이트가 추구했던 과학주의적 설명으로 제대로 해명되지 않고 있음을 제기하고 있는 것이기도 했다. 이 죽음 욕동은 반복과 증오, 공격성, 죄의식에 대한 조금은 혼란스러운 설명으로 제기되고 있고 이 논의는 자기애와의 연관성 속에서 더 깊이 있게 논의될 성질의 문제이기도 하다. 단지 클라인 이후 영미 중심의 정신분석론에서 죽음욕동을 공격성으로 축소하면서 이러한 공격성을 좌절에 대한 반응으로서 해석하고 있는 점은 좀 더 복합적인 논의가 요구되어지는 내용이라 할 수 있을 것이다. 이러한 점에서 클라인의 가학성 중심의 편집-분열적 자리에 대한 주장은 다소간 모순적인 주장이 뒤섞여 있는 논의라 할 수 있을 것이다.

여하튼 '대상' 혹은 '대상관계'라는 클라인의 용어는 프로이트가 제기했던 개념과는 다른 그 무엇을 의미하게 된다. 프로이트에게 대상은 성적 욕동(drive)과 항상 연관되어 있는 개념이었다면 클라인은 그것을 좀 더 유아적인 대상으로서 본능적 욕동의 대상일 뿐 아니라 의존의 대상이며 사랑하고 미워하는 심리적인 대상으로서 보았다는 점이다. 위니캇 역시 클라인의 이러한 대상관계 이론에서의 대상 개념에 따라 자신의 이론을 전개한다. 하지만 위니캇이 클라인의 이러한 개념을 전면적으로 수용하는 것은 아니다. 한편으로 위니캇은 이러한 편집-분열적 자리에 대한 클라인의 해석에 비판적인 시선을 던지고 있다. 다른 한편으로 위니캇은 클라인의 우울적 자리에 대해 창조적인 해석을 통해 그의 독특한 치료론을 전개하는데 논의의 전개상 그 이야기는 이후 다시 전개하도록 하고 중간대상이라는 개념에 대해 살펴보도록 하자.

위니캇의 중간대상은 어떤 사물로서의 대상이 아니다. 그것은 일종의 전이적 공간이자 잠재적 공간으로 아이와 어머니 사이에 위치해있지만 그것은 내부도 외부도 아니라는 점에서 역설적 공간이기도하다. 이 중간대상은 이미 프로이트가 포르-다(fort-da)게임을 이야기하면서 제시한 것이기도 하다. 프로이트는 자신의 18개월 된 손자가 어머니의 부재를 견디는 방법으로 고안해낸 '포르-다' 놀이를 통해 반복강박의 적절한 실례를 제공한다. 이 놀이는 모든 반복적 표상의 심리적 기초를 보여주고 있기도 하다. 이 놀이는 아이가 어머니의 부재, 어머니 품의 상실을, 즉 문명이 요구하는 '본능의 포기'를 보상해주는 독창적인 수단이다. 이처럼 프로이트가 그저 스쳐 지나치기 쉬운 아이의 게임에서 발견한 것은 어머니의 부재라는 현실을 견디어내는 그들만의 삶의 방식으로서의 실패 놀이 이었다. 프로이트는 이 고통스러운 경험의 반복이 어떻게 하나의 놀이로써 쾌락원칙과 현실원칙의 미묘한 결합을 성취하고 있는가를 묻는다. 그것은 어머니의 떠나감은 즐겁게 돌아올 것에 대한 필수적 예비조치로써 상연되어야 하고, 따라서 그 놀이의 진정한 목적은 바로, 즉 어머니의 즐거운 귀환에 있게 된다는 사실을 말해주는 것이기도 하다. 여기서 중요한 것은 어머니의 부재라는 외상을 놀이를 통해 아이가 완전히 극복하게 된다는 의미를 지니기 보다는 아이는 어머니에의 의존심에서 서서히 탈출하여 자신의 욕망을 위한 열린 공간을 만들려고 노력하게 된다는 점이다.

그렇다면 위니캇의 논의를 따라가 보자. 위니캇은 아기가 6개월 무렵이 되면, 자신이 독립된 인간이라는 사실을 어렴풋이 깨닫기 시작함을 주목한다. 6개월쯤 된 아기들이 우유나 이유식을 먹을 때의 모습을 상상해 보면 쉽게 이해될 것이다. 아이는 서서히 어머니가 안아주는 것을 마다하고, 똑바로 앉으려고 시도하고 우유병도 자기병으로 잡으려고, 붙잡고 있는 어머니의 손을 뿌리치기도 한다. 하지만 이 시기는 아기라도 몹시 피곤하거나 자기 마음대로 되지 않는 일이 있을 때는, 어머니 품 에서 아주 안락하게 젖을 먹던 신생아 시절로 되돌아가고 싶어 하는 불안과 독립의 의지가 양면적으로 존재하는 시기이기도 하다. 어렴풋이 느끼게 되는 자존의 세계 속에서 아이는 어머니 대신에 자기를 달래주는 대상을 찾게 된다. 위니캇에 따르면 이 대상을 통해서, 아이는 독립은 그대로 유지한 채 안전함과 즐거움을 얻고 있음을 주목한다. 손가락을 빨거나 고무젖꼭지를 빨고 있으면, 모유를 먹는 것처럼 즐거워지고, 꼭 껴안고 싶은 장난감 동물, 아주 좋아하는 담요나 기저귀 같은 것을 만지고 있으면 젖을 먹을 때 덮고 있었던 담요나 어머니 옷의 감촉이 되살아난다. 다시 말해서 자기 손가락이나 고무젖꼭지, 장난감 동물, 담요 등의 아이의 발달과정 속에서 보편적으로 관찰 가능한 아이의 애착물, 혹은 장난감들이 바로 중간대상에 해당한다.

아직 타자와 자신을 구분하지 못한 채 전적으로 어머니의 보살핌에 의존하던 아이는 어머니의 배려 속에서 자신이 전능하다는 착각을, 자신의 부름에 어머니가 응하는 현실을 오인하면서 자신의 요구대로 대상이 만들어 진다는 착각을 하게 된다. 이러한 전능성의 착각, 자끄 라캉이 거울 단계를 통해 제기한 이상적 자아(moi idéal)의 이미지로부터 서서히 벗어나게 된다. 차츰 자신과 어머니는 분리되어 있으며 자신의 욕구를 만족시키려면 어머니에게 의존해야 하고 환상과 현실이 같지 않다는 것을 발견하게 된다. 이러한 과정은 근원적 상실의 경험을 불러일으키고 불안과 특히 우울감을 아이의 지배적 정서로 형성하게 한다. 이러한 시기에 바로 중간 대상이 등장하게 된다는 것이 위니캇의 설명이다.

위니캇의 이야기를 따라가 보자.

> "대상의 운명은 유아가 서서히 그것에 대한 흥미를 잃어 감으로써 세월이 지나면서 잊히기보다는 지하실이나 다락같은 곳에 처박히게 된다. 이 말의 의미는 건강할 때 중간대상은 내면으로 들어가는 것도 아니고 그것에 대한 감정이 꼭 억압되는 것도 아니라는 것이다. 그것은 망각되고 애도되는 것도 아니다. 그것은 의미를 상실하는데, 이것

은 중간현상이 확산되기 때문이고 그리하여 '내적 정신 실재'와 두 사람 이상이 공동으로 지각하는 외적 세계 사이에 있는 중간영역 전체로, 즉 문화 전반의 영역으로 퍼지기 때문이다."(위니캇 지음, 『놀이와 현실』, p. 26.)

중간 대상에는 한편으로는 어머니와의 주관적 전능성의 경험, 행복의 경험이 존재하고 다른 한편으로는 동시에 상실의 경험이 존재한다는 사실이다. 잠들 때 어머니로부터 떨어지는 것에 두려워하는 아이는 그림책을, 혹은 전등을 켜달라고 요구한다. 아이의 근원적 불안이 표현되면서 동시에 아이는 그림책이나 전등을 통해 이루어지는 분위기를 통해 자신의 불안감을 해소하려 한다. 이러한 아이의 반응이 다양한 행동 양태로 나타날 때 위니캇은 그것을 중간현상이라 불렀고 그것이 배겟잎과 같은 물건이 될 경우 중간 대상이라 명명한다. 이러한 중간의 공간은 완충역할을 하게 되는데 개인적인 환상으로 가득 찬 내부 현실(아이의 불안감에 동반되어 존재하는 내사된 환상들)과 사물들과 사람들로 가득 차 있는 외부현실의 관계를 창조하게 된다는 것이다. 중간 현상 혹은 중간 대상을 위니캇은 그래서 평온할 때의 엄마의 특성과 닮아있다고 이야기한다. 위니캇의 진술이 보여주듯이 환상 속에서 존재했던 전능감으로부터 아이는 일종의 픽션을 통한 조작을 통해 새로운 현실에 적응하게 되고 이러한 중간의 공간, 중간 대상은 그대로 받아들여진 외부 현실의 인식보다 아이에게 선행하여 나타난다.

그런데 이러한 중간 대상은 아이가 성장하면서 사라지는 것일까? 프로이트가 이미 말장난의 재미가 아이들의 놀이 속에 존재했던 그 힘과 자유로움의 기억과 연관되어 있다고 언급했듯이 아이들의 놀이와 같이 그것은 일종의 원초적 과정으로 성인에게도 변형된 방식으로 존재하는 놀이이기도 하다. 말놀이는 어떤 의미의 걱정 없이 놀고 싶은 욕구인데 개그 콘서트에서 웃음으로 승화되어 나타나는 넌센스와 같은 말장난과 같이 성인은 규범화된 세계의 경직성을 한순간 놓으면서 순수 쾌락의 상태로 빠져드는 것이기도 하다. 어른이 이러한 순수한 즐거움을 만끽하는데 실없는 소리라고 때로는 비아냥거릴 때조차도 한 순간 초자아의 완강함이 일순간 무너지면서 어른의 삶 속에 유년의 기억이 되돌아오는 것이기도 하다. 따라서 위니캇의 중간의 공간은 놀이의 공간이며 인간의 상상력, 지적 행위, 문화적 삶을 통해 끊임없이 모습을 바꾸는 공간이기도 하다.

어른의 놀이로서 예술은 위니캇에 따르면 이러한 아이의 중간대상과 같은 위치를 차지하는 것이다. 아이는 놀이와 함께 창출되는 공간 속에 모든 감정을 집중시키면서도 묘한 이중적 의식 속에 존재한다. 그는 현실과 자신의 유희 세계를 구별할 줄 알 뿐만 아니라 동시에 현실 세계의 가시적이고 촉지할 수 있는 사물들을 상상적인 대상과 상황들에 자유롭게 연결 짓는 것을 좋아한다. 어떤 의미에서 예술이 보여주는 세계는 그것 자체로는 고통스러운 감정들이지만 그 감정들은 예술 창조자들의 이야기를 듣고 보는 관객들에게는 쾌락의 원천이 되는 것이다. 어떤 의미에서 어른은 그 어느 것도 포기하지 않고 있다. 단지 대상을 바꿀 뿐인 것이다. 그래서 예술에서의 쾌락은 일종의 안전하다는 위치에서 비롯되는 정신적 쾌락이기도 하다. 예술의 치료적 가치는 예술 매체를 통한 치료의 과정이 조성하는 공간이 완전한 주관적 환상으로 기능하는 것이 아니라는 사실이다. 예술에는 때로는 공상을 또한 예술 매체 각각의 특징을 활용해 욕망과 경험을 상징적으로 드러낸다. 예술치료가 적절히 수행될 때 위니캇의 중간단계의 개념을 살펴보았듯이, 치료자와 내담자가 지니게 되는 초기의 거부감과 치료환경 초기에 필연적으로 동반되는 불안과 어색함은 예술이라는 간접적 도구를 통해 새로운 연상의 가능성을 발견하게 될 것이다. 이와 같이 예술은 치료 상황 속에서 내담자와 치료자간의 성장을 촉진시키며 새로운 관계 속으로 인간을 이끌고 언어적 소통을 넘어서는 치료적 소통의 중요한 수단이 될 수 있다.

3. 환경 : 성숙과정의 세 단계

위니캇은 아이의 성숙과정에 대한 발달론을 전개하는 데, 조금은 반복되지만 살펴보도록 하자. 육체적 장애가 없는 신생아는 충분히 성숙된 인간으로 성장할 수 있다. 그런데 이러한 신생아의 성장이 가능하기 위해서는 아이의 관점에서 충분한 환경이 조성되어야 한다. 여기에서 어머니는 위니캇이 이름 붙인 환경과 완전히 조응하는 것이기도 하다. 물론 이러한 환경의 역할은 현실의 어머니만을 의미하는 것이 아니라, 때로는 보모가 되기도 하고 아버지가 될 수도, 혹은 고아원이 될 수도 있는 것이기도 하다. 정신분석학

이론에서 위니캇의 위치는 이러한 어머니와 아이의 관계에 대한 천착에 있다고 해도 과언이 아니다. 즉 아이의 발달 과정으로부터 정신치료론을 전개한 위니캇의 이론은 어머니의 역할로 대표되는 촉진적 환경의 형성을 어떻게 해 나갈 것인가 하는 문제와 밀접히 연관되어 있다는 사실이다.

아이는 어머니의 돌봄 없이는 생을 유지할 수 없다. 신생아는 자신이 의존적이라는 사실을 처음에는 의식할 수 없지만 자신이 어머니에 전적으로 의존하고 있음을 알게 되면서 성장의 길을 걷게 된다. 위니캇은 우선 일차적으로 어머니와 아기사이에 나타나는 관계를 절대적 의존의 상태로 설명한다. 절대적 의존의 상태는 어머니의 세심한 배려가 필요하고 그 속에서 아기는 어머니와 자신이 하나의 몸으로 존재한다는 환상, 그리고 그의 요구에 충실히 반응하는 어머니로부터 전능성이라는 환영적 경험이 주로 이루어지는 단계이다. 위니컷은 이러한 아이의 상태를 어머니가 아이에게 자신의 가슴을 주고 있을 때 아이가 그 반응으로 자신의 손가락을 어머니의 입에 물려주는 예를 제시하면서 아이에게 어머니는 아직 대상으로서 출현하기 보다는 자기 몸에 같이 들러붙어 있는 존재로 여겨진다고 설명하고 있다. 위니캇이 '일차적 모성 몰두' 시기라고 부른 이 시기에는 어머니 역시 아이와 동일시되며 아이의 반응들에 거의 본능적이다. 만약 이 시기에 어머니가 아이에 온전히 자신을 맡기지 않을 때 아이의 정서적 성장과 성격형성에 문제가 생기게 되기도 한다.

그런데 어머니는 아이의 요구에 언제든지 달려와 충족시켜주는 아이의 전능 환상에 따르는 그런 완벽한 존재는 아니다. 아니 오히려 위니캇은 어머니는 자기 자신으로 존재하는 사람이 되어야 한다고 주장한다. 위니캇은 이러한 어머니를 '충분히 훌륭한 어머니'라는 재미있는 표현을 사용한다. 이 어머니는 전능환상을 지닌 아이의 시각에서 본다면 너무 훌륭한 어머니가 아닌 조금은 불만족스러운 어머니이다. 절대적 의존 단계에 있었던 어머니의 민감한 반응은 아주 짧은 기간 동안 지속되고 자신의 욕구에 적응해주지 못하고 실패하는 어머니를 만나게 된다. 이 단계가 상대적 의존의 단계에 해당된다. 위니캇의 논의에 흥미로운 점은 어머니가 '자기 자신으로 존재하는 사람'이 되는 것은 어머니 자신 만이 아니라 아이의 성숙에 있어서 너무도 주요한 과정이라는 점이다. 절대적 의존 단계가 아이의 발달 과정이 왜곡되지 않게 하는 것이라면 상대적 의존 단계는 유아가 자신이 의존되어 있음을 인식하는 단계이다. 유아는 이 단계에서 근원적인 불안을 겪게 되는데 이 불안 자체는 어머니가 독립적 존재임을 느끼기 시작했다는 것이고 위니캇에 따르면 어머니의 좋은 의미에서의 실패로부터 이러한 불안의 신호가 아이에게 나타나는 것이기도 하다. 상대적 의존 단계는 약 2세 경이 되면 끝나게 되고 아동은 차츰 대상의 상실 문제를 마주하게 된다.

마지막 단계가 아이가 독립적인 존재로 서서히 성장하는 단계이다. 절대적 의존과 상대적 의존을 잘 통과 하면 아이는 자신의 자기(self)안에 이미 존재하고 있는 것에 대해 더 많이 알게 됨으로써 점차 복잡한 세상과 만나게 된다. 사회화 과정으로 정의될 수 있는 이 과정은 물론 사춘기를 넘어가는 단계에서도 항상 퇴행의 가능성이 존재한다. 건강한 개인조차도 자신이 개인적으로 수용할 수 있는 한도를 넘어서는 사회적 긴장과 만날 수 있기 때문이다.

4. 참자기와의 대화

삼단계의 성숙과정에서 살펴보았듯이 가장 초기의 단계에서부터 촉진적 환경이 충분히 제공될 때, 어머니로부터 시작되어 세계의 발견으로 나아가는 개인의 대상은 본질적인 변화를 겪는다. 이러한 성숙의 과정은 전능환상으로 특징지어지는 자기애로부터 점차 대상이 거리화되고 객관화 되어지는 지난한 과정이다. 프로이트도 주목하듯이 사유의 전능성으로서 전능환상은 결코 완전히 소멸될 수 없는 인간의 본능적 기억이다. 왜냐하면 인간 누구나 다양한 형태로 나타나는 이러한 황금시대의 기억을 꿈꾸기 때문이다. 무엇보다도 '황폐함(privation)'이나 '박탈감(deprivation)'을 경험하는 일 없이 절대적 의존 단계와 상대적 의존 단계에서 촉진적 환경이 수행되어야 한다. 이 말의 의미를 치료론적 입장에서 이해한다면 자존감등의 심한 손상에 놓여 있는 내담자들에게 우선 요구되는 태도는 아이에 대한 어머니의 안아주기(holding : 위니캇은 어머니와 아이의 사랑의 태도를 이러한 개념으로 드러내고 있다.)와 같이 지지적 태도와 공감적 태도가 중요하다는 사실이다.

그런데 대상관계 이론을 검토하면서 밝히었듯이 위니캇의 클라인과의 차이점은 좋은 어머니(대상)와 나쁜 어머니(대상)가 이분적으로 구분되어지지 않듯이 촉진적 환경에서의 어머니는 아이의 시선에서 보면 좋은 어머니이자 나쁜 어머니이기도 하다는 점이다. 위니캇은 바로 절대적 의존 단계에서 상대적 의존 단계로의 변화에서 중요한 것은 아이의 전능환상의 자기애적 구조로부터 서서히 독립된 자기로의 준비과정이 이루어져야 한다는 것이다. 이 변화는 때로는 불만족에 의해서 더 효과적으로 진행되는 것이기도 하다. 무조건적으로 아이의 욕망에 세심히 반응하는 소위 헌신적이고 열혈적인 어머니는 아이의 참다운 주체적 과정에서 본다면 훌륭한 어머니는 아니다. 위니캇의 치료론은 헌신적인 치료사의 태도에 대해서 이야기하는 것이 아니라 오히려 마음 치료에 놓인 근원적 문제성을 제기하고 있는 것이기도 하다. 무조건적인 욕망의 수용이 아이를 일시적인 충만감과 평온함으로 이끌수는 있을 것이다. 하지만 그러한 태도는 아이의 자기의 발견에 장애물로서 나타난다. 마찬가지로 치료사에게 요구되는 자세는 무한히 내담자의 요구에 응해주는 것이 아니다. 때로는 고통의 경험을 때로는 아이로 하여금 공격성의 표출을 통해(아이가 제 때 자신의 욕구를 들어주지 않는 어머니를 발견할 때 나타나는 분노와 불만의 여러 형태를 그 예로 들 수 있을 것이다.) 점차 자신의 자기를 하나의 실체로서 출현시켜 나가게 된다.

위니캇이 클라인의 우울적 자리에 대한 창조적 해석이 자리하는 지점이 여기에 있다. 클라인에게 우울적 자리는 편집 분열적 자리의 환상(내사의 과정) 속에 존재하는 편집적 불안과 죄책감, 상실감 및 그리움 등의 우울한 감정들이 혼합된 복합체이다. 이 단계에서 자아는 자신의 내면에 존재하는 좋은 대상이 확고하게 자리 잡지 못했다고 느낀다. 어린이와 어른들은 우울적 자리로 퇴행함으로서 우울증을 앓으며, 그 우울적 자리는 죽어 가는 또는 죽은 대상들을 내포하고 있다. 이것이 그들이 겪는 고통과 불안의 핵이다. 프로이트는 「슬픔과 우울증」에서 사랑하는 대상의 사라짐은 애도하는 사람에게 이중적 상태로 자리 잡게 됨을 주목하고 있다. 애도하는 사람에게는 사랑하는 대상의 무의식적 현존과 사랑하는 사람의 부재라는 의식차원의 냉정한 현실이 공존한다는 것이다.(프로이트, 윤희기 역, 「슬픔과 우울증」) 클라인은 이러한 프로이트의 사유로부터 자신의 이론을 전개했음을 우리는 이미 밝히었다. 그 사람을 지지해주던 좋은 외부 대상을 잃어버린 상실감과 자신을 남겨 두고 간 대상을 향한 미움이 커지기 때문에 애도하는 사람은 실제의 외적 대상을 잃은데 대한 고통뿐 아니라 우울적 자리에서 아이가 느꼈던 것처럼 좋은 내적 대상을 잃어버리는 위험에 처해 있다고 느낀다. 프로이트의 관점에서 볼 때 애도작업은 사랑하는 사람이 외부 세계에 존재하지 않는다는 사실을 거듭 재발견하는 현실검증을 포함한다. 클라인은 이러한 현실검증이 외적 세계에서의 대상의 부재를 재발견하는 것과 관련이 있을 뿐만 아니라 그의 내면세계 및 사랑하는 사람과 동일시되었던 최초의 내적 대상들의 상태와 관련되어 있다고 본다. 이 애도작업은 내적 대상의 회복이 이루어질 때까지 편집적 감정들로 퇴행하는 것과 상실에 대한 조적 방어들을 극복하는 것을 포함한다. 그러나 만약 애도하는 아이 혹은 성인이 우울적 자리의 불안을 극복한다면 애도 경험은 오히려 그의 삶을 더욱 풍요롭게 만들 것이다. 클라인은 그래서 우울적 자리가 지닌 창조적인 측면을 강조한다. 또한 클라인은 우울불안이 절정에 도달한 상태에서 유아가 어떻게 자신의 사랑과 좋은 내적 상태를 재창조하는 능력과 기술을 활성화시키며 점차로 전능환상을 포기하면서 외적 대상을 복구하려고 노력하는가에 대해서 이야기한다. 그녀는 우울적 자리를 극복하는 과정을 통해서 자아가 좋은 내적 대상들로 풍성해지며 이 풍성한 자아가 승화와 창조적 행위를 위한 주요 원천이 된다고 보았다. 어른 역시 성공적으로 애도과정을 극복했을 때에도 이와 마찬가지로 자아가 풍성해질 수 있다.(한나 시걸, 『멜라니 클라인』, p. 93)

위니캇의 절대적 의존, 상대적 의존, 독립을 향해서 라는 세 가지 단계의 과정의 중요한 핵심은 애도과정을 통해 이루어지는 성숙과정에 대한 고찰이다. 여기서 중요하게 위니캇이 제시하는 개념이 참자기(true self), 거짓자기(false self), 그리고 상실경험의 수용이다. 참자기는 아이의 자발적인 욕망이 지닌 가치를 발견하는 충분히 좋은 어머니의 수용과 돌봄 안에서 발달한다. 건강한 개인에게 존재하는 성격의 핵으로서 특이한 것은 이 참자기는 지각된 대상세계와는 결코 의사소통하지 않으며 설령 외적 실재와 의사소통하더라도 외적 실재의 영향을 받아서는 안 되는 그러한 핵이다. 건강한 이들은 의사소통을 하고 그것을 즐기지만 다른 한편 그들 각 개인은 고립되고 영원히 의사소통하지 않으며 영원히 알려지지 않고 실제로 발견되지 않는 존재라는 것이다. 위니캇은 이 참자기를 숨어있는 것은 기쁨이지만 발견되지 않는 것은 재앙인 정교화된 숨바꼭질 게임과 같은 것으로 표현하고 있다.(도날드 위니캇, 『성숙과정과 촉진적 환경』, p. 271)

위니캇은 이러한 참자기, 핵적인 자기로부터 출발해 세가지 의사소통을 제안하고 있다. 그것은 첫째, 영원한 침묵의 의사소통, 대화와 같은 일상에서의 의사소통(타인들과의 교류적 차원에서의 의사소통) 그리고 놀이와 같은 모든 종류의 문화적 경험으로 발달해 가는 중간형태의 의사소통이 그것이다. 이 참자기는 영원한 침묵의 의사소통이라고 할 수 있는데 통찰과정 속에 들어가는 자기 내적 소통의 핵이라는 대단히 철학적인 의미의 개념이다. 일종의 자기 반성성을 향해 있는 이 소통은 자기의 고독을 약간의 쓰디씀 속에서 받아들일 줄 아는 소통으로서 어떤 의미에서 치료자가 누설할 수 없고 쉽사리 촉진시킬 수 없는 최고의 과정이다. 위니캇은 이 단계로 나아가기까지의 세심함과 어려움 그리고 치료자의 윤리적 태도를 논의하고 있다.

어머니, 환경의 역할은 이러한 핵 적인 자기인 참자기의 공고화와 밀접히 연관되어 있다. 충분히 좋은 환경이 제공되지 않으면 아이의 심리적 발달은 근본적으로 정지된다. 그는 심리적인 시간의 어느 지점인가에서 머물러 있으면서 이 핵 적인 자기 대신에 표피적인 부분들을 발달시켜 나가게 된다. 그래서 개인의 진정한 핵심은 자신과의 반성성과 밀접히 연관되어 있는 진정한 주체적 경험이 허락하는 그러한 상태를 벗어난 채 환경에 순응하는 삶을 살게 된다. 이때 활동하는 것이 거짓자기이다. 거짓자기는 참자기의 부재 또는 참자기가 숨어있거나 덮여 있는 상태로 반복적이고 지속적으로 활동하는 또 다른 구조로서 타고난 대로의 삶을 사는 의지가 아니라 살아남기 위해서 순응하는 것이다. 이러한 참자기와 거짓자기의 관계의 역설이 흥미롭게 드러나는 것이 위니캇으로부터 분석을 받았던 마수드 칸(Masud Kahn)이다. 린다 홉킨스의 『거짓자기』는 정신 분석가 칸이 신음했던 이 관계의 역설이 드러나고 있는 저작이다. 거짓 자기의 병리적 문제들에 대해 분석적으로 정통한 인물인 칸은 기록을 통해 일종의 내부고발자의 시선으로 이 문제를 전하고 있다. "평생 동안 관객을 향해 그때마다 상황에 순응하기 위해 많은 말들을 떠벌여 왔지만 사실은 텅 빈 침묵 속에서 살아왔다. 난 내가 진실로 느낀 것들은 말로 할 수 없었다. 왜냐하면 말하는 순간 나라는 존재는 사라지고 뒤죽박죽 되어버리기 때문에... 4명이나 되는 분석가와 기나긴 분석을 받아왔지만, 내가 실제 말한 것과 말해야만 했던 것이 일치되었던 면담은 한 번도 없었다."(린다 홉킨스, 『거짓 자기』, p. 185.)

위니캇은 잘못된 환경에서 아이는 평온하게 안겨져 있기 보다는 여러 가지 형태의 개입을 통한 불만과 불안을 경험하게 된다고 생각한다. 만일 아이가 자발적으로 욕망을 표현했는데도 그 욕망이 왜곡되거나 거부된다고 느꼈을 때 이러한 불만을 느끼게 된다. 여기에서 환경은 분열적이고 자기의 형성에 비통합적으로 나타나면서 진정한 존재감의 연속성을 경험하지 못하게 된다는 것이다. 우리의 현실에서 생각해본다면 좋지 않은 어머니가 자신의 어떤 욕망에 기반하여 아이가 자유롭게 자기를 확장시키고 견고하게 참자기를 만들 수 있는 공간을 형성해주기 보다는 때로는 자신의 욕구의 따라 때로는 무분별한 태도에 따라 환경을 조성하면서 아이 자신이 거짓자기를 발달시키게 하는 경우가 이 경우에 해당할 것이다. 그래서 아이는 그저 즉각적으로 상황에 대처하고 적응하는 과정 속에서 세계와 만나게 된다. 여기에서 참자기는 숨어있게 되는 것이다. 그래서 자기와 마주치는 독립을 향한 과정이 여기서 중요하게 대두된다. "가끔씩 나는 나 자신이 어머니가 그녀의 환상들을 위해 걸쳐놓은 옷가지에 지나지 않는다고 느껴요." 하는 말들처럼 우리에게 이 거짓자기는 일상의 경험이기도 하다. 거짓자기는 어쩌면 현실원칙을 수용하면서 살아가야 하는 인간 누구에게나 강요된 다양한 정체성의 표피들이자 사회적으로 감당해야하는 역할들이다. 위니캇이 강조하는 것은 인간의 정신적 건강에서 중요한 것은 이러한 참자기와의 내적 소통이 부재할 때 우리의 삶은 인형 혹은 광대처럼 느껴지고 정신의 황폐화로 이끌려진다는 것이다. 어른의 세계에서 우리가 발견가능한 이러한 정신적 현실을 위니캇은 아이의 발달과정을 통해 해명하고 있는 것이다. 아이가 실제적이고 확고한 자기감각을 가지고 자신만의 개인적인 의미를 창출하도록 돕기위해서는 출현하는 아이의 주관성을 수용해주는 모성적 환경을 필요로 한다. 유아는 '나'라는 감각을 확고히 하고 그것을 믿고 그것을 즐길수 있게 된 다음에야 비로소 자신이 감당해야할 이미지와 기대로서의 역할을 해낼 수 있게 되는 것이다. 이 삼단계의 과정 속에서 아이가 불만족의 상태 속에서 머물게 되는 어떤 지점이 존재한다면 "아이는 존재의 연속성 대신에 경험의 중심에 부조화를 빚는 존재의 불연속성(discontinuity)을 경험하게 된다." (스테판 밋첼, 마가렛 블랙, 『프로이트 이후』, p. 232.)

그렇다면 여기에서 우리는 '충분히 좋은 엄마'가 제공하는 역할은 무엇일까 하는 질문을 던지지 않을 수 없다. 위니캇이 주장하는 훌륭히 좋은 엄마의 역할의 핵심은 아이에게 상실의 경험 자체를 수용하게끔 하는데 있다. 신생아가 탄생하고 모자의 관계는 대단히 밀착적인 관계에 놓인다. 일차적 모성몰두의 시기는 어머니가 자신의 욕망과 삶을 일시적으로 포기하고 아이라는 타인에 사랑을 베푸는 시기이다. 그런데 한 몸으로 존재했던 두 존재 사이에서 탄생과 함께 자신의 육체로부터 분리된 새로운 타인이 탄생하게 되는 것이다. 욕망은 이제 두 존재 사이에 다르게 작동한다. 어머니는 사랑의 대상으로서의 아이에 대한 몰두로부터 서서히 벗어나 자기에 대한 고민, 다른 걱정거리, 그리고 타인과 세상에 대한 새로운 관심을 가지게 된다. 그리고 점차로 아기의 욕망에 적절히 대처하지 못하게 된다. 절대적 의존 단계에서 아이가 지니는 전능환상은 이렇게 처음으로 위기에 직면하게 된다. 어머니로부터 전해받은 이 전능환상, 자신의 요구에 따라 모든 것이 이루어지는, 세계가 형성되는 이 환상이 깨지게 되는데 이 상실의 경험은 매우 고통스럽지만 아이는 이 과정을 통해서 성장하게 된다. 욕망한다고 바로 그것이 충족되는 것이 아님을 깨닫게 되는 것이다. 자신이 욕망의 대상을 창조해낸다는, 어른의 시기까지 지속적으로 존재하는 이 환상은 그 믿음과는 달리 아이는 자신이 전능하지 않다는 것을 깨닫게 되는 것이다. 그는 이제 세계가 혼자만의 세계가 아니라 많은 사람들이 함께 살아가는 세계임을 인식하기 시작한다. 그는 욕망을 만족시키기 위해서는 자신과 다른 욕망을 지니고 있는 사람들과 타협을 하며 살아가야 한다는 것을 배우게 된다는 것이다. 훌륭히 좋은 어머니는 아이의 상실경험을 만들어주고 지켜봐 주어야 하는 이러한 역할을 수행해야 하는 것이다. 위니캇의 이야기를 따라가 보자.

> "건강한 경우에 유아는 융합을 성취하게 된다. 그리고 만약 이때에 대상이 유아를 좌절시킬 경우 그것은 유아에게 나 아닌 세계가 존재한다는 사실을 알게 해준다는 점에서 유아 교육을 위한 가치를 지닌다. 적응의 실패는 유아가 대상을 미워할 수 있을 때, 즉 만족스럽게 행동하지 못한 대상의 실패를 인식하면서 잠재적으로 만족을 주는 대상에 대한 생각을 보존할 수 있을 때 가치있는 것이 된다. 내가 아는 한 이것은 훌륭한 정신분석 이론에 속한다. 이런 이론에서는 종종 적응의 실패가 유아의 융합을 성취할 수 있도록 무한한 발달을 가져오며 따라서 환경의 실패는 유아로 하여금 거절된 세상, 즉 객관적인 세상을 알게 해준다는 점에서 긍정적인 역할을 가질 수 있다. 나는 여기서 의도적으로 외적인 세상이라는 표현대신 거절된 세상이라는 표현을 사용한다."(도날드 위니캇, 『성숙과정과 촉진적 환경』, p. 264.)

위니캇에게 건강한 인간은 어떤 의미에서 어머니와의 충분히 행복했던 최초의 기억을 가진 사람이다. 이 말의 의미는 어머니가 돌아가신 아이, 혹은 고아는 절대적으로 건강한 인간이 될 수 없다는 것을 의미하는 것은 아니다. 어머니를 인간사의 핵심적인 상징으로 이해한다면 그 어머니는 유모가 될 수도 있고 고아원과 같은 기관도 될 수도 있고 혹은 트라우마로부터 회복된 인간이 찾아낸 어떤 관념이 될 수도 있을 것이다. 행복의 기억 그리고 상실의 경험을 어떻게 관계맺음 할 것인가하는 질문이 위니캇의 치료론의 핵심이라고 할 수 있을 것이다. 그래서 위니캇의 참자기는 인간의 근원적인 이 두 경험과의 힘들고 고통스러운 과정이자 동시에 창조적인 과정 속에서 형성되는 것이고 마음의 치료는 이 두 경험 사이의 교류와 내적 인식을 요구하는 것이기도 하다.

5. 예술과 인문치료에 대한 위니캇의 전언

조용히 뜨개질을 하거나, 혹은 시장을 보러 나가거나, 바쁜 일 때문에 일에 바쁜 어머니가 있다. 어머니의 부재에도 아이는 곰 인형, 장난감 로봇을 가지고 자신의 놀이에 전념하고 있다. 아이에게 이 장난감은 무엇일까? 이 장난감은 어머니와 타자로서 분리되어진 아이가 자신의 세계를 여는 중요한 대상이다. 이 장난감과 같은 중간 대상은 아이가 어머니와 떨어져 있는 동안 어머니와의 상상적인 유대를 이어주는 것이자 동시에 상실경험의 대치물이기도 하다. 그런데 위니캇이 중간현상, 중간대상에서 강조하는 것은 의존에서 독립으로의 전환이 이러한 중간적 공간의 형성으로 완성된다는 것은 아니다. 그가 주목하는 것은 행복의 경험과 상실의 경험 사이의 전환, 다시 말해 타인으로서의 어머니와 관계를 맺는 두 가지 방식 사이의 고통스러운 간극의 전환이었다. 프로이트의 포르다 게임의 실패, 위니캇의 곰인형이 중요한 것은 그것이 어머니를 대신해주기 때문만은 아니라는 사실이다. 곰인형이 중요한 것은 그것이 아이가 주관적인 전능환상 속에서 창조한 어머니와 객관적인 세계 속에서 발견한 독립적으로 존재하는 어머니 사이의 중간대상이기 때문이며 또한 그것이 아이의 확장된 자기(위니캇에게서 자기가 참자기와 거짓자기로 구분된다면 곰인형은 어떤 자기에 속할까? 위니캇의 전언은 이 곰인형이 참자기와 어떤 통로를 지니고 있어야 함을 강조하는 것이다.)를 나타내기 때문이다. 역설적인 모호성을 지닌 중간대상은 대상을 마음대로 움직이는 전능한 세계로부터 타인에게 적응해야 하고 협조해야 하는 현실세계로 추락하는 충격으로부터 보호해주는 완충작용을 한다는 점에서 위니캇의 체계 속에서 중요한 것이다.

위니캇은 주관적 전능감에서 객관적 현실로 전환하는 과정에서 공격성이 어떤 식으로 작용하는 지를 설명하기 위해 대상사용(object usage)이라는 개념을 사용한다. 주관적 전능환상 안에서 아이는 대상을 '무자비하게' 사용한다. 그는 그것을 창조하고 자신의 쾌락을 위하여 그것을 착취하며 전용하고 파괴한다. 외부에서 볼 때 이것은 일종의 나쁜 엄마에 대한 복수적 쾌락이며 이 과정 속에서 아이는 환상적 카타르시스를 경험하는 것이기도 하다. 하지만 아이는 점차 자기가 파괴시킨 후에도 살아남아 있는 타자를 인식하기 시작한다. 아이는 이러한 전능한 창조와 파괴 그리고 생존이라는 순환적 과정을 통해 외부현실 감각과 자신의 전능환상 너머에서 스스로 존재하는 실제적인 타자에 대한 감각을 확립해간다.(스테판 밋첼, 마가렛 블랙, 『프로이트 이후』, p. 227.)

사실 중간대상, 혹은 중간현상이라는 위니캇의 우리말 번역은 정신분석학적 개념에 따른다면 전이대상, 혹은 전이현상이라는 개념이 더 타당할 것이다. 필자가 그럼에도 불구하고 중간대상, 혹은 중간현상이라는 용어를 선택한 이유는 위니캇의 이론 속에서 중간대상 자체가 치료의 완성이 아니기 때문이다. 무엇보다 인문치료가 예술치료와 경계를 이루는 지점은 예술이라는 다양한 매체가 치료적 도구로서 사용되어 진다는 점이고 또한 인문치료는 통찰적 과정을 지향한다는 의미에서 그러하다. 위니캇의 놀이(playing) 개념은 치료론적 의미에서의 예술이라는 개념과 거의 등치해서 사유해도 무방하다. 이 놀이의 영역은 완전한 주관적 환상도 아니고 위니캇의 치료이론에서 최종적이라 할 수 있는 참자기와의 자기 내적소통이라는 통찰적 의미를 지니고 있지 않다는 점에서 과도적이다. 무엇보다 놀이는 개인의 바깥에 있지만 외적 세계(대상적 세계)도 아님을 우리는 이미 살펴본바 있다. 놀이에는 꿈과 같은 욕망의 상연이라는 특성이 존재하고 또한 놀이는 물건들을 조작하고 몸의 감각을 통해 이루어지고 있기 때문에 프로이트적인 의미에서 성적 욕동과 밀접히 연관되어 있다. 한편으로 놀이는 인간의 내밀한 욕망을 드러내는 공간이자 동시에 성장을 촉진시키며 집단과 사회를 수락하는 중간적 기능을 훌륭히 수행하는 역할을 담당한다는 것이다.

그런데 다른 한편 위니캇은 놀이의 지나친 자기애적 탐닉의 가능성을 경계하고 있기도 하다. 왜냐하면 무엇보다 위니캇에게 놀이는 전능환상의 연장이기도 하기 때문이다. 사실 놀이 혹은 예술의 자기애적 과잉의 가능성에 대해서는 전통적인 프로이드적인 해석에서 그 이유를 발견할 수 있다. 이제는 교조적이라 불리는 정신분석은 놀이 혹은 예술을 성적 흥분의 변형의 관점에서 주로 서술하였다. 그래서 예술 혹은 놀이의 주제가 자위행위 그리고 다양한 감각적 신체적 몰입의 특징과 연관되어 진다. 이러한 입장을 교조적이라고 우리가 지금 비판할 수 있다 할지라도 게임중독이 보여주는 양상은 이 주장이 완전히 틀리다고 할 수 없는 현실의 현상이 존재하고 있음을 보여주고 있다. 특히 예술치료가 단순히 카타르시스적인 일회적 만남에 머물은 채 진정한 참자기와의 자기소통이 배제될 때 그때의 치료는 미완성이 될 것이다. 물론 놀이와 자위행위의 연관성에 대한 교조적 해석에 반대해 위니캇은 놀이는 욕동(pulsion)의 승화라는 개념하에서 인식할 필요가 있음을 주장했다. 위니캇은 아이가 놀고 있는 동안 욕동이 개입된 육체적 흥분이 과잉되어 있다면 거기에서 놀이는 그 기능을 상실할 수 있음을 냉철하게 주장하고 있다. (위니캇, 『놀이와 현실』, p. 70.) 놀이가 성립하는 요건은 욕동적 자극이 과도하지 않은 범위 내에서이며 어떤 한계를 넘어서는 자극은 성적 절정과 유사한 상태만을 유발하여 더욱 피폐한 상태로 이끌 수도 있음을 경고하고 있다. 위니캇의 경계적 태도가 인문치료에 던지는 전언은 무엇일까? 그의 전언을 요약하며 이 글을 마무리하도록 하자. 예술치료가 단순한 카타르시스 효과에 머무르게 될 때 이 카타르시스 효과는 치료의 진전에 어떤 역효과의 가능성을 유발시킬 수도 있다는 점 때문이다. 내담자와 치료자가 서로 만족한 소통의 자리를 마련하는 것으로 치료는 완성되는 것이 아니다. 물론 치료의 과정에 카타르시스적 단계가 필요한 것은 분명하다. 하지만 치료에는 내담자가 끊임없이 회피하는 상실의 경험 자체를 수용해야 하는 명제가 존재하기 때문이다. 과잉된 자기배설이 오히려 자기애적 집착과 욕동의 분출로 머물 수도 있고 그래서 세심한 치료 계획이 수반되지 않을 때 더욱 위험할 수도 있다. 예술을 치료적 수단으로 사유할 때 위니캇의 성찰이 우리에게 던져주는 교훈은 감각적 경험들과 사유적 행위가 끊임없는 긴장관계에서 수행되어야 한다는 사실에 있다. 예술치료는 그 수단으로부터 참자기에 대한 자기내적 소통을 행하는 통찰적 과정, 치료의 완성으로 나아가는데 없어서는 안될 중요한 도구이지만 이 도구가 완성을 예비해야 한다는 것이 위니캇의 전언이라 할 수 있을 것이다.

참고문헌

도널드 위니캇, 『그림놀이를 통한 어린이 심리치료』, 이재훈 역, 한국심리치료연구소, 1998.

, 『성숙과정과 촉진적 환경』, 이재훈 역, 한국심리치료연구소, 2000.

, 『놀이와 현실』, 이재훈 역, 한국심리치료연구소, 1997.

스테판 밋첼, 마가렛 블랙, 『프로이트 이후』, 이재훈, 이해리 역, 한국심리치료연구소, 2002.

지그문트 프로이트, 『정신분석학의 근본 개념』, 윤희기, 박찬부 역, 열린책들, 1997.

한나 시걸, 『멜라니 클라인』, 이재훈 역, 한국심리치료연구소, 1999.

린다 홉킨스, 『거짓자기』, 임말희 역, 2009.

강원대학교 인문과학연구소, 『인문치료의 이론과 원리』, 산책, 2011.

웃음과 그 치료적 의미

김 익 진

모든 예술분야에는 웃음을 목적으로 하는 장르들이 있다. 문학에서는 물론 음악이나 미술에도 패러디나 뷔를레스크 등을 활용하여 풍자적 웃음을 목적으로 창작되는 작품들은 언제나 있었다. 그리고 그 작품들이 만들어내는 웃음은 누군가에게 상처를 주기 위한 것일 때보다는 누군가를 위로하고 격려하며 또 다른 누군가를 보듬어주기 위할 때가 더 많았다.

웃음은 외부의 자극으로 부터 생성되는 신체반응현상이지만 인위적인 웃음이 인체의 생물학적 메커니즘에 영향을 미치기도 한다. 웃음이 신체의 메커니즘에 끼치는 영향에 대해서는 현재 많은 연구가 진행되고 있고 특히 신체의 다양한 신경전달물질의 생성을 촉진시켜 면역력을 강화시켜주고 인간의 행복감을 증진시켜준다는 점은 이제 대부분의 신경생물학자들이 인정하고 있는 사실이다. 이러한 웃음의 효과를 활용하여 현재 세계적으로 매우 활발하게 연구, 실행되고 있는 웃음치료는 대체의학에 관심을 지닌 모든 이들이 주목하고 있는 분야이기도 하다. 최근 들어 억지웃음, 다시 말해 자극이 전혀 없는 상태에서 신체적인 메커니즘만을 동원하여 웃음을 시뮬레이션하는 동작만으로도 아드레날린이나 코티솔 혹은 엔도모르핀등의 신경전달물질의 생성이 활성화된다는 사실이 확인되면서 웃음의 치료적 효능에 대해 의심하는 사람들은 이제 드물다. 따지고 보면 위에 언급된 뜻 모를 외국어들이 아니어도 웃음이 개인과 사회의 건강에 얼마나 긍정적인 영향을 미치는가에 대해서는 이미 우리 선조들도 알고 있었다. '웃으면 복이 와요'라는 말은 복 받은 사람이 웃는다는 상식적 차원에서 통용되는 사건의 인과율를 뒤집어 놓은 비논리적인 표현이지만 이 표현이 비논리적이어서 참이 아니라고 말하는 사람은 없다. 그러나 그렇다고 또 거꾸로 그 표현이 어떻게 참이 되는지 설명할 수 있는 사람도 없다.

만일 우리가 웃음이 만들어지는 과정을 정확히 이해하고 응용할 수 있다면 웃음을 유발시키는 행위를 필요에 따라 제어할 수 있을 것이며 이는 단순히 웃음치료에서 뿐만이 아니라 웃음을 접목시킬 수 있는 다양한 분야의 치료방법론에도 유용하게 활용할 수 있을 것이다. 그러나 웃음에 대한 근원적인 연구는 상대적으로 많지 않다. 국내에서도 웃음에 관련된 책자를 찾기 위해 서점의 서고를 살펴보면 웃음을 주제로 한 책은 많지만 대부분 만담집이거나 웃음을 유발하는 이야기들을 모아놓은 이야기책들이다. 웃음에 관한 근본적인 분석은 찾아보기 힘들다.

그래서 우리는 웃음이란 무엇인가? 라는 원론적인 질문을 던져본다. 이 질문에 대한 답을 찾기 위해 웃음에 대한 분석이 우리보다 먼저 이루어졌던 유럽 특히 프랑스에서, 웃음은 사회적, 역사적으로 어떤 의미를 지녀왔는가에 대한 고찰을 시작으로 그 웃음이 활용되고 있는 구체적인 예를 몇 가지 문학작품을 통해 확인해보고자 한다. 웃음이 지니고 있는 사회적 의미에 관한 고찰은 웃음을 개인 및 집단을 위해 치료적으로 활용하기 위해 웃음의 본질을 이해하기 위한 노력의 일환이다.

유럽 근대 철학의 아버지라 지칭되는 데카르트는 1649년에 출판한 자신의 마지막 저작 『정념론』에서 서양의 철학적 전통의 속에서 항상 그 논의의 중심에 있었던 인간의 정념에 관한 분석을 시도했다. 그에 따르면 정념은 인간의 의지에 큰 영향을 받지 않고 뇌 속에 있는 기억의 단상들이 영혼을 자극하여 발생하게 하는 감정들이다. 그가 제시하는 여섯 가지의 기본적인 정념은 감탄, 사랑, 증오, 욕망, 기쁨, 슬픔이다. 이러한 정념들은 이차적으로 신체적인 증상을 불러일으킨다. 그 증상은 표정의 변화는 물론이고 웃음과 울음이라는 생리적 차원의 반응으로 나타나게 된다.

이러한 정념의 문제가 가장 심도 깊게 다루어진 예술분야는 연극이다. 연극에서는 전통적으로 이 정념들을 분석하고 표현하기 위해 비극이라는 장르를 활용하여왔다. 그러나 연극이 융성하였던 고대 그리스 시대부터 흥미롭게도 그 정념이 불러오는 신체반응 중에 하나인 웃음에 대한 고찰은 정념들이 빚어내는 다른 반응들에 비해 거의 이루어지지 않았다. 눈물을 유발하는 비극과 비교해 웃음을 유발하는 희극에 관한 연구를 찾아보기 힘들다는 것이 그 단적인 예다. 비극과 서사시에 그 대부분의 지면을 할애하고 있는 아리스토텔레스의『시학』에서도 희극에 관한 언급은 거의 없다. 총

26개의 장으로 나뉘어져 있는 아리스토텔레스의『시학』은 비극, 서사시, 희극이라는 세 장르에 관한 고찰의 의지를 알리는 서문에 5개의 장 (제 1장 - 제 5장), 비극의 정의와 그 구성 법칙에 17개의 장(제 6장 - 제 22장), 그리고 서사시의 구성법칙(제 23장- 제 26장) 4개의 장을 할애하고 있다. 서문에서 세 장르에 관한 고찰을 예고하고 있으면서도 결국 희극에 관해서는 언급이 거의 없다는 사실이 독자들로 하여금 이 작품이 미완성 작품일 수 있다는 추측을 가능케 한다. 고대 그리스에서 희극은 대중성이나 그 미학적 가치에 있어서 비극에 비해 결코 뒤지지 않았음에도 불구하고 이렇듯 희극에 관한 논의가 드물었다는 사실은 우리의 주목을 받을만하다. 움베르토 에코가 소설『장미의 이름』에서 허구를 접목시켜 추론하고 있듯이 중세 로마 카톨릭의 전체주의적인 지배논리가 사회에 부과했던 엄숙함 때문에 웃음이라는 것이 경계 대상이 되었고 따라서 웃음의 원천인 희극은 비속한 장르로 자리매김 된 채 중세기를 살았을 가능성은 크다.

이렇게 문학적 깊이나 연극적 예술성이 결여된 채 민중의 놀이로 전락한 희극이라는 장르는 유럽의 르네상스와 더불어 제 위상을 찾게 되지만 17세기 초반에 이르기까지 셰익스피어나 코르네이유에게서도 희극은 작가에게나 관객에게 여전히 비극에 비해 열등한 장르로 인식되고 있었다. 그러나 이러한 상황은 17세기 중반 프랑스에서 몰리에르라는 희극전문작가가 출현함으로써 변화를 겪는다. 희극이라면 곧 소극(笑劇)을 떠올리고 광대의 놀음과 저속한 음담패설을 상상하던 이 시대의 관객들은 웃음을 자아내는 희극이 그 형식면에서나 미학적인 면에서 비극에 결코 뒤지지 않는 장르가 될 수 있음을 목격한다. 비극이 인간의 정념과 그가 처한 운명 간의 충돌을 통해 일어나는 상황에서 극중 인물들의 심리묘사를 통해 상류계급 관객들의 심리적 갈증을 채워주고 있는 동안 희극은 비극의 귀족적 카타르시스를 뒤로하고 실제적인 삶 속에 뛰어든다. 그 실체가 모호한 운명 때문에 이루어질 수 없는 사랑의 아픔을 노래하는 비극과는 달리 희극에서는 아버지의 반대 때문에 결혼을 방해받고 있는 젊은이들의 현실적인 모습이 그려진다. 또 집안의 명예를 잃지 않기 위해 자신의 목숨을 초개처럼 버리는 비현실적 영웅주의보다는 돈 때문에 서로 싸우는 인간들의 참 모습이 무대에서 극화된다. 희극은 비극과는 달리 진정한 의미의 리얼리즘을 그 극작의 바탕으로 삼기 시작한 것이다.

이 리얼리즘의 희극은 당시 신흥계급이었던 부르주아 관객의 의식을 일깨우며 18세기 보마르셰를 거쳐 프랑스 대혁명 주체들의 사상적 유대감을 형성하는 사회적인 역할을 수행하게 된다. 즉 유럽 근대사회가 형성되는 과정에서 희극은 말초적인 웃음을 제공하는 단순한 볼거리로서가 아니라 그 사회의 삶을 무대에 투영하며 사회구성원들의 새로운 의식 형성에 결정적인 영향을 미쳤던 것이다.

한편 이러한 웃음의 힘은 희극이외에도 소설이라는 장르를 통해서도 느껴진다. 사실 희곡에서는 사상적 표현의 자유가 한정될 수밖에 없었다. 항상 공연을 전제로 쓰이는 희곡은 작가의 익명성이 보장될 수 없었기 때문에 전체주의적 체제하에서 검열의 눈을 인식하지 않을 수 없었던 것이다. 반면 소설은 작가의 생각을 자유롭게 표현할 수 있는 장르였다. 17세기에 쓰인 소설들 중 다수가 익명의 작가에 의해 씌어졌다는 사실은 소설이 당시 작가들의 감추어져 있던 내면 사상이나 혹은 욕구를 표출하는 가장 적절한 수단이었음을 말해주는 것이다. 스퀴데리양이 쓴 목가적 분위기의 연애 소설들까지 포함하여 대부분의 소설들이 당시의 사회에 대한 색다른 시각의 조명을 위한 시험장이었다. 소설이 포르노그라피적 성격을 띨 때조차도 그 안에는 사회를 어색하게 짓누르고 있는 정치적 목적의 이데올로기에 대한 저항정신이 깃들어 있을 때가 많았다. 대표적인 경우로 익명작가의 소설인 『처녀들의 학교』,를 들 수 있다. 1656년에서 1657년 사이에 씌어졌을 것으로 추정되는 이 소설은 결혼을 앞둔 어린 처녀가 결혼 전날 사촌 언니를 찾아와 성교육을 받는 내용으로 이루어져 있다. 이 텍스트를 찾아내어 결정본으로 출간한 자크 프레보는 겉으로 보아선 외설적이기만 한 듯이 보이는 이 작품의 내면에 문학적 가치가 있음을 암시하고 있다.

특히 우리가 주목해야할 점은 이런 실험적이며 도전적인 작품들을 출간하면서 실명을 밝힌 작가들도 있었다는 사실이다. 체제와 종교를 지나치게 비판하는 대가는 작가 자신의 죽음이 될 수도 있었던 17세기 프랑스에서 이런 작가들의 태도는 특별한 용기를 요구하는 것이었다. 시인이었던 클로드 르 프티가 그의 시를 통해 신성모독을 했다는 이유로 화형을 당한 것이 프랑스가 중세의 흔적을 탈피하고 루이 14세의 절대왕정하의 근대적 사회로 진입한 시기임을 자부하던 1666년이었다. 이들의 소설은 그 당시 사회 전반에 걸쳐 진행되고 있었던 민감한 논쟁의 소재들을 망라하여 다루면서 눈에 보이는 것이 거짓이지만 거짓이 아니라고 인식하기를 강요당하고 있는 일반인들의 이성을 자극하여 그들의 의식을 일깨우고 있다. 그리고 웃음은 그 의식을 일깨우기 위한 자극의 촉매였다.

문학치료의 한 분야이자 가장 오래된 예술치료의 형태라고 볼 수 있는 연극치료는 그 효율성을 인정받고 있지만 적용분야는 사이코드라마나 소시오드라마라고 일컬어지는 즉흥 심리드라마와 아리스토텔레스부터 언급되어온 비극적 카타르시스를 통한 심리정화요법에 집중되어 있다. 그러나 연극에서 얻어낼 수 있는 치료적 효능은 이 밖에도 다양하다. 특히 희극이 주는 웃음의 효과는 주목할 만한하다. 비극과 비교하여 희극의 치료적 기제 및 효과는 아래와 같이 생각해볼 수 있다.

〈표 1〉 희극과 비극의 효과

극적효과	도출결과	치료적 동인	치료효과
비극적 효과	눈물, 공포와 연민	동일화	카타르시스적 자기정화
희극적 효과	웃음을 통한 지각	거리화	객관적 자아확립

위의 표에서 볼 수 있듯이 아리스토텔레스 이후 비극의 가장 중요한 구성 요소로 여겨지고 있는 공포와 연민이 자기 동일화를 통해 카타르시스적 자기 정화를 이끌어내는 반면 희극의 웃음은 거리화를 통해 객관적 자아확립을 가능하게 한다.

연극 속에서의 웃음은 크게 두 가지로 구분될 수 있다. 하나는 소극(笑劇)이 만들어내는 웃음이며 다음은 이 소극과 대비되어 소위 '본격 희극'이라 불리는 걸작들이 생산해내는 웃음이다. 슬랩스틱 코메디와 스탠드업 코메디가 만들어내는 웃음과 비견될 수 있는 이 두 종류의 웃음은 그 근본적인 성격에서 차이가 있다. 소극의 웃음이 관객을 일상의 지루함으로부터 해방시키기 위해 복잡한 생각을 잊게 함으로써 관람 순간의 즐거움을 책임져주기 위한 것이라면 본격희극의 웃음은 관람순간부터 관객을 작가의 사상적 세계로 초대하여 그 생각의 흐름을 공유하며 희극의 대상에 대한 지속적인 사고와 관찰을 유도하기 위한 것이었다.

이 두 가지 웃음의 구체적인 활용 사례를 비교 관찰하기에는 프랑스의 대표적인 희극작가 몰리에르의 경우만큼 적절한 경우를 찾기는 힘들 것이다. 연구자들은 몰리에르의 작품을 다양한 기준으로 분류하지만 몰리에르의 작품 중에서 소극의 비중은 높다. 그러나 그럼에도 불구하고 이 소극들은 지금까지 연구 대상에서 상대적으로 소외되어 온 것이 사실이다. 몰리에르의 소극에는 유럽 소극의 정수인 코메디아 델 아르테Commedia dell'arte적 전통이 고스란히 살아있다. 다시 말해 이 작품들 속에는 웃음을 불러일으키기 위해 오랜 세월동안 활용되었던 모든 웃음 장치들이 여러 가지 용례를 통해 드러나고 있는 것이다.

이러한 소극적 웃음 장치들은 본격희극에서도 여전히 작동하고 있다. 본격희극에서는 작품의 깊이가 더해짐과 더불어 웃음도 깊이를 더해간다. 드라마와 희극의 경계선을 넘나드는 몰리에르의 소위 '대작'들에는 소극에서 찾을 수 없는 또 다른 의미의 웃음이 있다. 그리고 이 작품들은 정치적, 사회적 색채가 강했기 때문에 그로 인해 몰리에르는 자신의 정적들과 끊임없는 논쟁을 치르게 된다. 『아내들의 학교』에서 천방지축 오라스와 엉뚱한 아르놀프 그리고 순진한 아네스가 만들어 내는 웃음은 여성의 인권과 교육에 대한 깊은 성찰을 유도하는 효과를 지니고 있으며 『동주앙』의 어눌한 스가나렐이 펼치는 어설픈 논리나 시골 처녀들의 순박하지만 진실한 말투가 빚어내는 웃음은 수사학의 전통적 가치에 대한 질문으로 시작하여 귀족의 자기 정체성에 대한 질문으로 이어지고 , 『타르튀프』의 오르공과 페르넬 부인의 맹목적 믿음이 주는 허탈한 웃음은 기득권자들의 인위적 이데올로기에 의한 집단기만 행위에 대한 차분한 숙고의 기회를 제공한다. 또한 『여학자님들』의 필라맹트나 벨리즈가 생산해내는 황당한 웃음은 욕망의 대상으로서만 인식되어오던 여성이 그 욕망의 주체로 변화할 수도 있음을 암시하는 이른 계몽주의적 전언을 전달하는 매개체이며,『부르주아 귀족』의 주르댕이 선사하는 어처구니없는 웃음은 현실의 계급체계를 허구 속에서 통째로 뒤집어 전개함으로 해서 그 체계가 지니고 있는 부조리함과 시대착오적인 가치에 대한 재고를 종용하는 도전적 의미를 지니고 있다.

이처럼 몰리에르의 본격희극에서는 소극적인 전통에서 오는 모든 웃음 장치들이 진화한다. 웃음을 양산하는 동인에 따라 나눌 수 있는 상황이 빚어내는 웃음, 등장인물의 행태와 성격이 빚어내는 웃음, 극행동이 연출해내는 웃음, 언어적 효과에 의해 생산되는 웃음들이 단순히 순간을 즐기는 행위가 아닌 사고의 세계로 관객과 독자를 인도하는 초대장의 구실을 하고 있으며 또 웃음을 만들어내는 매커니즘이나 그 형태에 따라 나뉠 수 있는 풍자, 패러디, 뷔를레스크, 아이러니 등도 궁극적으로 관객과 독자를 작가의 사상적 세계로 초대하려는 목적을 지니고 있다.

비극의 비극성은 많은 부분이 가슴으로 느껴지지만 희극의 희극성은 머리로 감지되는 경우가 더 많다. 비극성의 본질인, 절망, 두려움, 증오 등은 선행 학습이나 경험 없이도 누구나 공유할 수 있는 감정의 문제이지만 희극성을 느끼기 위해서는 텍스트가 생산되던 환경에 대한 많은 선험적 지식이 요구된다. 소극의 웃음은 몇몇 예외를 제외하고는 이런 선험적 지식을 요구하지 않는다. 그런 의미에서 소극의 웃음은 감각적 웃음이라고 할 수 있다. 몽둥이질, 기괴한 몸짓, 우스꽝스런 표정, 특이한 말투 등은 바로 이런 감각적 웃음을 유발하는 보편적 인자들이다. 이 감각의 웃음은 몰리에르의 본격희극들에도 여전히 존재한다. 그러나 본격희극에서는 이 기준에 의해 분류된 웃음들이 모두 소극적 웃음에 머무르지 않고 새로운 차원의 웃음으로 변화한다. 새로운 차원의 웃음이란 수용자들에게 희극성을 감지할 수 있는 지적 능력을 요구하는 웃음이다. 사고(思考)를 필요로 하는 이성적 웃음인 이 새로운 형태의 웃음은 몰리에르 희극에 진정한 가치를 부여하는 웃음이다. 바흐친의 연구에 의해 소설분야에 있어 이같은 층위의 웃음은 이미 라블레부터 존재함이 증명되었으나 연극적 환경에서는 몰리에르의 등장을 기다려야했다. 생각을 해야 웃을 수 있는 웃음, 그 웃음은 또 다시 사고를 하게 만드는 원동력이 된다. 한편 너무나 당연하고 엄숙한 가치로 받아들이던 모든 것에 대해 웃어 본다는 것은 그 가치체계의 허점을 발견했다는 사실과 다름이 아니다. 어떠한 규칙이라도 본래의 존재이유가 상실된 채 형식만 남은 것이라면 그것은 '사물이나 현상의 본래 있는 그대로의 상태' 즉 '자연'을 벗어난 것이다. 이렇게 자연을 벗어난 억지의 허점을 밝히기 위해 몰리에르가 사용하는 무기는 논리에 대한 또 다른 논리가 아니었다. 그것은 '웃음'이었다. 문학의 문학다움을 칭하는 '문학성'의 본질은 독자들에게 깊이 있는 감동이나 생각할 수 있는 기회를 제공하는 텍스트의 살아있는 힘이다. 희극의 문학성은 웃음을 통해 드러난다. 몰리에르가 그의 작품 속에서 동시대의 인간 조건을 웃음으로 조망할 때 그것은 당시 여전히 중세적 가치에 의해 억압되고 있었던 인간 조건이 지니고 있는 본질에 대한 재고를 유도하기 위한 시도였다. 근대 연극이 탄생하던 시절 희극의 본질, 더 나가 삶과 존재 자체의 본질에 대해 독자들이 숙고할 기회를 제공하는 것이 그 궁극적인 목적인 몰리에르의 연극에서 이 웃음은 그 어떤 주장이나 논리보다 더욱 강력한 힘으로 17세기 후반 부 프랑스에서 존재하던 전근대적 가치의 저항을 무력화하는 강력하고 무서운 힘으로 작용한다. 주위의 모든 현상에 대해 데카르트적 회의의 동기를 제공하는 이 이성적 웃음은 몰리에르의 실험이었으며, 이 실험은 「동주앙」, 「타르튀프」를 지나 「상상환자」까지 몰리에르의 창작활동 내내 지속적으로 시도되고 있다.

몰리에르가 사회의 경직된 사고의 틀에 대한 재고를 유도하는 장치로 활용한 이러한 종류의 웃음은 정서 치료적 관점에서 개인과 집단의 경직된 사고에 유연성을 제고하는데 활용될 수 있다.

한편 소설에 있어서의 웃음은 연극의 경우와 또 다른 형태의 치료적 활용이 가능하다. 프랑스 문학사에서 소위 '위대한 세기Le Grand siècle'라 통칭되는 17세기는 연극의 시대로 인식되고 있다. 그 이유는 기존의 문학사에서 고전주의 대작가로 분류하고 있는 코르네이유, 몰리에르, 라신이 모두 희곡 작가이며 그리스 로마의 전통을 잇는 장르인 희곡문학 특히 비극은 당시 문학의 가장 고귀한 장르로 인식되고 있었기 때문이다. 통계적으로도 바로크와 고전주의라는 사조로 분류되는 프랑스의 17세기는 분명 문학 중에서 희곡문학 즉 연극이 차지하는 비중이 컸던 시대였다. 그러나 한 장르의 융성이 다른 장르의 필연적인 몰락을 의미하지는 않는다. 연극이나 시보다는 열등한 장르로 인식되고 있긴 했지만 17세기 문학의 한 분야였던 소설은 희곡문학과는 별도로 그 나름의 착실한 진화를 거듭하고 있었다.

시라노 드 베르제락은 이러한 소설의 진화에 결정적인 역할을 한 작가다. 그는 희곡 및 다양한 양식의 시 등 문학의 전분야에 걸쳐 작품을 남겼지만 그중에서도 후대 사람들의 주목을 가장 많이 받고 있는 작품은 연작 형태로 쓰인 소설 『다른 세계L'autre Monde』다. "『달나라의 국가와 제국들』을 포함한 시라노 드 베르제락씨의 웃기는 이야기"라는 부제의 이 소설은 상황설정의 기괴함과 촌철살인의 재치로 읽는 독자에게 줄곧 웃음을 제공한다. 그러나 이 소설은 제목이 표방하고 있듯이 만담수준의 "웃기는 이야기"가 아니다. 이 소설 속에는 당시의 과학, 종교, 정치 등 모든 사회 분야에 걸쳐 진행되고 있었던 인식론적 변화와 그 변화로 인한 사회적 충격이 교묘한 패러디와 뷔를레스크를 활용한 웃음을 통해 드러나고 있다. 그리고 이 웃음장치들은 단순한 유희가 아니었다. 공상과학소설의 형태를 띠고 있는 이 소설은 르네상스적 개혁에도 불구하고 전근대적 요소들이 팽배해 있었던 시대를 살고 있던 한 근대 작가가 자신이 겪고 있던 인식론적 고뇌를 일반 독자들과 같이 나누기 위해 그들의 참여를 유도하고 있는 일종의 계몽소설이다. 소설은 중세를 지배하던 지구와 인간중심의 세계관을 뒤바꾸어 놓은 코페르니쿠스적 혁명이 17세기 프랑스의 정신 상황에 어떤 영향을 미쳤는지, 또 그러한 정신사적 혁명을 주도했던 리베르탱들의 주장이 무엇이었는지를 충격적일 만큼 직설적으로 전달해 주고 있다.

시라노는 17세기 리베르티나주의 중심인물이었다. 가상디의 제자이고 다수시나 생테브르몽 등과 친분이 있었던 그는 아리스토텔레스적 우주관에 가려 그 가치를 제대로 인정받지 못하고 있었던 고대 철학자들과 르네상스 과학자들에 대한 재평가를 유도한다. 소설 속에서 그가 주로 언급하는 과학자들은 피타고라스, 에피큐로스, 데모크리투스, 코페르니쿠스, 케플러 등 소위 고대 유물론적 전통을 잇고 있는 철학 과학자들이었다. 합리적이고 객관적인 사고를 지닌 모든 지식인들이 그렇듯이 시라노는 자신의 가설과 추론을 언제나 논증하려고 노력했다. 가설과 추론은 논리나 실험에 의해 그 타당성과 개연성이 입증되어야 비로소 보편적 가치를 지니기 때문이다. 그러나 시라노가 살고 있던 17세기 초반부에 격동하듯 요동치는 인식론적 변화의 내용을 일반인들에게 일일이 알리는 것은 가능한 일도 또 필요한 일도 아니었다. 그래서 그의 소설은 독자를 심오한 사상의 논쟁으로 이끌지는 않는다. 그의 소설은 단지 기존 의식의 틀이 지니고 있는 거짓됨을 알리고 독자들이 환상일 뿐인 그 낡은 의식의 틀에서 벗어날 수 있도록 유도하는 역할을 하고 있을 뿐이다. 탈환상을 유도하기 위한 도구로 그는 또 다른 환상의 세계를 활용한다. 달나라로의 환상 여행이다. 그리고 그 환상여행은 우리의 삶과 세계를 타자의 시각으로 바라볼 기회를 제공한다. 독자가 스스로를 객관화시켜 바라볼 수 있는 매순간 웃음은 터진다. 시라노에게 있어 웃음은 단순히 순간적인 즐거움을 제공하는 효용을 넘어 새로운 의식 형성을 위해 기존의 의식의 틀을 철거 해버리기 위해 용기와 결단을 자극하는 수단이었다. 해체라는 행위가 파괴 및 분해라는 과정을 통해 새로운 인식에 도달하고 그 인식의 실체를 다른 형태의 체계로 완성시키려는 움직임이라면 시라노의 웃음은 이 해체 행위를 촉진시키기 위한 촉매였던 것이다.

유일신과 그 유일신이 만든 세상이 지니는 비교불허의 가치에 대해 의문을 품는 것은 기존의 우주관과 신관을 부정하는 태도로 여겨지던 시절, 작가에게 그가 인정하던 "세상의 다양성의 진실을 주장하고 독자들에게 그 진실을 인식시키기 위해 웃음보다 더 효과적인 장치는 없었다. 소설은 분명 신이 창조한 이 세계 말고 다른 세계가 있음을 인정하고 있다. 물론 이러한 생각에 대해 전통을 고수하던 종교계와 학계의 반동이 있었고 그 반동은 기독교적 왕권신수설을 지배 이데올로기로 삼고 있던 지배세력들의 이해관계와 맞물려 이러한 생각들이 표면에 떠오르는 것을 억누르고 있었다. 이러한 배경에서 세계와 우주 그리고 인간 존재에 대한 근본적인 인식론의 문제를 다루려는 의도로 쓰인 소설에서 기존 논리를 뒤집기 위해 어설픈 반 논리를 펴는 일은 어리석은 일이었다. 기존 세력의 힘은 막강한 것이었고 감히 그들을 상대로 논쟁을 벌인다는 일은 천년의 수사(修辭)로 축성된 논리와 맞서겠다는 무모한 행위였기 때문이다.

주인공 "나"의 달제국 여행은 이러한 세계의 모든 불확실한 사실들을 보다 객관적인 위치에서 관조해 보고자 떠나는 다른 세계로의 여행이다. 달세계에서는 지구에서 일어나는 일들에 대해 거리화가 가능하다. 그리고 그 거리화로 인해 독자는 자신의 인간 조건을 객관적으로 관조할 수 있는 기회가 생기고 또 그 관조는 웃음이라는 매개체를 통해 독자들이 처한 상황의 부조리함에 대한 인식으로 이어진다. 주인공이 달 여행을 하는 동안 그가 지니고 있는 생각과 행동을 전혀 이해하지 못하는 달나라 주민들의 모습을 보며 독자들은 전통과 인습 그리고 잘못된 사고 체계와 기득권의 조작을 통해 명약관화한 진실을 보지 못하며 애써 부정하는 그 모습이 혹 자신의 것일 수도 있다는 생각을 하게 되는 것이다. 시라노는 자신의 독자인 동시대인들에게 소설 속의 "나"를 통해 그들 스스로 자신에 대한 객관적 시각을 가질 수 있도록 유도하면서 진실의 가장 큰 적이었던 선입견과 편견을 제거하는데 성공한다. 달여행은 달에 대한 주인공이 궁금증을 풀기 위해 계획되었지만 그 여행에 참여하고 있는 독자들은 자신의 세계에 대한 의문들을 풀 수 있는 기회를 제공받는 것이다. 그래서 이 여행은 앎을 위한 여행이다. 그리고 웃음은 그 앎의 여행을 추진하는 원동력이다.

또 다른 형태의 소설적 웃음이 존재한다. 바로 스카롱의 웃음이다. 스카롱은 1652년 유명한 맹트농 후작부인이 될 프랑소와즈 도비녜와 결혼하게 되는데 이 시기부터 『희극 소설』을 쓰기 시작한다. 방랑극단의 이야기를 그 줄거리로 하고 있는 이 미완성 소설은 그 줄거리 자체도 흥미롭지만 스카롱이 뷔를레스크의 형식을 빌려 줄거리의 진행 중간 중간에 삽입해 놓은 그 시대의 생활상들이 더 주목을 끈다. 사실 이 소설은 시라노의 소설처럼 페이지를 넘길 때마다 키득거릴 수 있는 소설은 아니다. 소설의 정확한 우리말 제목을 찾는다면 "방랑 희극단의 소설"이라고 칭하는 것이 더 정확한 표현일 것이다. 본 스타클레베르그 주르젱은 뷔를레스크라는 장르를 프랑스에 정착시킨 작가였던 스카롱이 고대 서사시와 중세의 기사도 문학에 대한 패러디를 통해 뷔를레스크나 패러디가 순간적인 웃음을 생산해내기 위한 단순한 재주부리기가 아님을 보여주고 있음을 밝히고 있다. 이탈리아에서 출발하여 17세기 초반 유럽 전역에 걸쳐 유행하게 되는 이 장르가 프랑스에서 전성기를 맞이하는 시기는 1640년대 중반부터 1650년대 중반까지로 스카롱의 『개작(改作) 비르길리우스』가 연속적으로 출간되던 시기와 때를 같이

한다. 알렉상드랭의 전형이라고 할 수 있는 6각시 형태로 이루어진 서사시 비르길리우스의 『아이네이스』를 17세기 프랑스 민간에게 익숙한 8음절 시구를 활용하며 일상 언어로 재구성한 이 작품은 큰 성공을 거두었고 이 개작의 메커니즘을 모방한 많은 모작들이 뒤이어 쏟아졌다. 귀스타브 반 로스브록은 그의 논문 『쫓겨난 샤플랭』에서 스카롱이 『개작(改作) 비르길리우스』이후 뷔를레스크적 패러디라는 장르에서 가장 영향력이 큰 작가였음을 입증하고 있다.

이 소설에는 다양한 인물들이 등장하지만 그 등장인물들은 크게 두 개의 범주로 나뉜다. 하나는 데스탱처럼 기존의 사회질서를 존중하고 그것을 지키려는 인물들이며 다른 하나는 라고탱처럼 운명적으로 기존의 사회질서에 대한 반항을 할 수 밖에 없는 존재들이다. 라가르드는 그의 논문에서 이와같은 구도를 질서와 무질서의 대비로 파악하고 있다. 질서에 대한 무질서의 대비를 통해 소위 기존의 질서라는 것이 지니고 있는 형식적 가치의 한계를 부각시키는 이 소설은 그 특성상 패러디적 기법을 자주 활용하고 있다.

앞서 살펴본 바 있듯이 문학에 있어서의 패러디는 기존 작품의 형식이나 문체 혹은 내용에 그와는 전혀 이질적인 형식이나 문체 혹은 내용을 접목하여 불협과 대비의 효과를 통해 웃음을 끌어내려는 글쓰기 방식이다. 다시 말해 패러디는 원전 비틀기 작업인 것이다. 시어와 일상어를 구분하여 문학을 언어활동의 특별한 기능으로 파악했던 야콥슨이나 시클로프스키 등의 러시아 형식주의자들은 패러디식 원텍스트의 재현이 일종의 문학 비평이 될 수 있음을 알리면서 원작을 뒤틀어 새로운 의미구조를 창출해 내는 이런 문학적 비평행위가 기존 텍스트의 변형을 통한 또 다른 창작행위가 될 수 있을 가능성을 제시했다. 이러한 주장들은 바흐친의 학위논문에 구체적으로 기술되어 있지만 영미권에서 패러디에 대한 종합적 연구가 출간되기 시작한 것은 이보다 이전이었다.

패러디의 목적은 우선 웃음을 끌어내는데 있다. 불협의 효과를 통해 원전이 지니고 있는 권위를 손상시키면서 그 원전이 지니고 있었던 무게를, 그 원전이 표현되고 있는 언어가 아닌 전혀 다른 세계의 언어로 가볍게 해체시키거나 비틀어버리는 것이다. 원전의 구조에 길들여져 있었던 수용자들은 패러디를 통해 진지하고 엄숙한 삶의 틀을 벗어버리는 기쁨에 웃게 된다. 패러디의 웃음은 그래서 통쾌함의 웃음이다. 이 비트는 재미 혹은 깨는 재미는 그 비트는 대상의 권위가 크면 클수록 더 증가한다.

그러나 깨는 재미만을 생각한 패러디는 여운을 남기지는 못한다. 스카롱의 패러디는 일회적 웃음에서 멈추지 않고 부정된 과거 혹은 재해석된 과거를 통해 현실을 좀 더 객관적으로 바라보려는 노력이었다. 비트는 자의 의식의 깊이가 비틀리는 자의 의식의 깊이와 버금갈 정도가 된다면 그 패러디는 원전과 같은 높이에 놓이게 되고 또 무언가를 재생산할 수 있는 에너지를 제공한다는 의미에서 소모적이 아닌 생산적 패러디가 될 수 있는 것이다. 소모적인 패러디에게 원전은 뭉개버릴 대상이지만 생산적인 패러디에게 원전은 딛고 일어설 대상이다.

법은 그 법을 두려워하는 자들에게만 유효하다. 문학의 수용자가 텍스트를 접하면서 이 세상이 요구하는 "텍스트 읽는 법"을 무시하고 자신의 능동적 시각을 통해 그 텍스트를 바라볼 수 있을 때 그는 해체적 시각을 갖게 된다. 생 텍쥐베리의 『어린왕자』를 다시 해석한 장피에르 다비드의 『다시 만난 어린 왕자』나 다니엘 드포의 『로빈손 크루소』를 개작한 미셸 투르니에의 『방드르디』등은 패러디의 깊이와 무게가 원전의 그것보다 결코 뒤지지 않는 걸작들이다. 외양적으로는 원전의 형식을 그대로 따르고 등장인물들도 부분적으로 중복시키면서 원전에 무임승차하는 것처럼 보이지만 그들은 원전 비틀기를 통해 오랫동안 굳어져 있던 시각들을 해체하여 재구성한다.

물론 이들의 작품이 우리가 흔히 이야기 하는 패러디와 같은 장르의 작품인가에 대한 의문을 제기 할 수도 있다. 패러디의 정의를 일회적 웃음을 유발하기위한 재주로 국한하고 또 웃음의 정의를 "기쁨이나 만족 혹은 신체적 자극으로 인해 횡경막을 들썩이며 목젖을 통해 날숨을 간헐적으로 내뱉는 소리"로 국한시킨다면 이 작품들은 분명 패러디라고 할 수 없다. 그러나 패러디를 가치의 객관화를 위해 역사 사회의 깊은 인식에서부터 출발하는 기존의 원전 비틀기로 이해를 하고 또 웃음이라는 것의 정의를 조금 더 확대시킨다면 이 작품들은 패러디적 미학의 정점에 선 작품들이라고 말할 수 있다. 스카롱의 소설은 20세기 이후 하나의 독립장르로 일반화 될 패러디 문학의 보편적 수용이 시작되고 있던 17세기에 이러한 움직임의 중심에 서있던 작품이었다.

그렇다면 이러한 웃음들에 대한 연구와 시도들을 어떻게 치료에 활용할 수 있는가? 프랑스에서 웃음에 대한 논의가 진행된 것은 개인의 생리문제에 초점을 맞추어서라기보다는 사회적이며 집단적인 움직임으로서의 웃음의 의미를 파악하기 위한 작업의 일환이었다. 웃음에 관한 바이블처럼 여겨지는 앙리 베르그송의 『웃음』(1900)도 희극이라는 문학장르에서 발생되는 웃음, 즉 희극성에 관한 고찰이었다. 그리고 이 희극성에 관한 고찰은 이후 연구자들에 의해 웃음의 문화인류학적 혹은 사회적 차원의 의미를 찾는 데까지 확대된다. 웃음은 개인 감정표현의 한 방식이자 생리현상이지만 이렇듯 분석대상이 될 때에는 개인적 의미를 넘어 사회적 의미의 차원에서 다루어져왔다. 1560년부터 1720년에 걸친 기간 동안 프랑스 문학 속에서의 웃음을 분석하며 프랑스 근대사에 있어 웃음을 방대한 희귀 자료들을 통해 기호학적 의미로 분석하고 있는 도미니크 베르트랑은 연구의 결론에서 "웃음 넘치던 르네상스"가 "차분한, 그러나 슬픈 고전시대"로 자리를 양보했으나 그 웃음의 의미는 18세기로 이어지면서 사회적 차원으로 확장되고 있음을 논증한다. 중세의 기독교적 전체주의에 억눌려 있었던 웃음은 르네상스가 가져다 준 사고의 자유로움과 함께 사회 전면에 퍼져나갔고 인간의 의식 전반에 절대적 가치관으로 자리잡고 있던 기독교적 세계관에 대해 사람들이 웃기 시작하면서 그 절대적 가치는 붕괴되었다. 인간의 종교적 정신세계의 역사를 천착해온 조르주 미누아는 그의 연구 『웃음과 비웃음의 역사』(1998)의 서문에서 라블레가 기존의 질서에 대한 회의를 이끌어내는 새로운 형태의 웃음을 양산한 이후로 웃음은 체제 유지를 위해 생산된 이데올로기가 경직될 때마다 그 근본적 가치에 대한 의문제기의 출발점이 되어 왔음을 지적하고 있다.

르네상스이후 기독교적 세계관에 대한 허구가 드러나면서 생겨나는 인식론적 회의는 지성을 지닌 유럽의 사회구성원들이라면 누구나 필연적으로 품게 되는 것이었다. 그러나 이러한 회의적 사고가 공개적으로 표출되기는 힘들었다. 우선은 사회의 분위기가 여전히 천년 이상을 지탱해온 기독교적 인식론의 지배하에 있었기 때문이며 또 새로운 생각을 기존의 수사적 기법으로 논증한다고 해도 천년동안 축적되어온 기독교적 세계관에 대한 수사의 아성을 무너뜨릴 가능성은 희박했기 때문이다. 그래서 시라노나 몰리에르 같은 문학적 지성들은 이 제반 문제들에 대해 논전을 펼치는 대신 웃음을 통해 이 문제들의 근원에는 무엇이 있는가를 관객과 함께 자문해 보는 허구적 모험을 시도한다. 웃음은 수사의 법테두리 밖에서 수사를 공략하며 '논리'와 '수사'로 쌓여있던 유럽 중세의 성을 단박에 허물고 인류의 보편적 가치로 승화할 개인으로서의 인간의 존엄성과 그 인간이 누려야하는 자유의 소중함을 일깨워주는데 큰 역할을 한다. 이 웃음은 인식론적 회의가 바탕 된 근대 의식의 표출방법 중 하나였던 것이다.

17세기 프랑스의 "웃기는 문학littérature comique"작가들은 르네상스 혁명에 대한 봉건적 반동세력의 행동 원칙과 그 원칙을 지탱하는 논리에 대해 웃는다. 다시 말해 불합리나 거짓과 대항하기 위해 그들은 논리에 대한 또 다른 논리를 이용한 것이 아니라 웃음이라는 생리 현상을 활용한 것이다. 웃음에는 소위 논리라고 하는 것으로 무장한 주장들을 단번에 무너뜨릴 수 있는 힘이 있다. 고전주의 시대의 웃기는 연극과 웃기는 소설들은 이 웃음의 힘을 이용하여 사상적 논쟁이 불러 올 수 있는 위험을 교묘히 피해 그 시대의 엄격한 기독교적 도덕률의 허상과 사회에 팽배한 매너리즘, 지배층의 가치 날조와 신화 만들기 등을 고발하고 있다.

이러한 이성적 웃음은 중산층 관객의 의식을 일깨우며 18세기 보마르셰를 거쳐 프랑스 대혁명 주체들의 사상적 유대감을 형성시켜주는 사회적인 역할을 수행하게 된다. 즉 유럽 근대사회가 형성되는 과정에서 웃음은 인간의 단순한 생리적 반응이라는 차원을 넘어 그 사회의 삶을 객관적으로 투시할 수 있는 환경 조성에 시금석 역할을 하며 사회구성원들의 새로운 의식 형성에 결정적인 영향을 미쳤던 것이다.

위에서 시도한 웃음에 관한 사회적 의미 분석은 통합의학에서 인문예술의 역할을 모색하고 있는 우리의 관심을 끌기에 충분하다. 사회를 하나의 유기적 체계로 본다면 그 유기체에 고통을 불러일으키는 사회적 경직성에 유연함을 제공할 수 있는 매개체로서의 웃음이 개인적인 문제에 적용될 때에도 같은 역할을 할 수 있다는 가정을 할 수 있기 때문이다. 17세기 프랑스의 희극과 패러디 소설이 자아내는 웃음이 우리의 분석 대상이 되어야 하는 이유가 바로 여기에 있다. 사회의 경직된 기성관념은 인지치료에서 이야기하는 개인의 자동적 사고와 비교될 수 있다. 개인적 구성개념을 생성하는 자동적 사고를 객관적인 시각으로 파악하여 그 사고의 틀을 객관적 현실의 차원에서 형성될 수 있게 하는데 웃음은 적지 않은 역할을 할 수 있다.

아리스토텔레스, 홉스, 뱅 같은 이들은 웃음은 어떤 대상물이나 혹은 사람에게서 자신보다 열등한 것을 발견할 때 생겨날 수 있는 것이라고 말한다. 칸트나 헤겔, 쇼펜하우어 같은 이들은 웃음을 유발하는 가장 핵심적인 현상은 우리가 기대하던 바와 실제로 일어나는 일들 간의 대조 및 불협 때문이라고 말한다. 인지매매가설(엘리스의 A-B-C model)의 삼단계중 제 2단계인 생각단계에서 치료적 개입을 하게 될 때 위의 철학자들이 개인과 개인의 문제로 파악한 이 "열등감"이나 "불협"의 문제는 중요한 고려대상이 될 수 있다.

자기정체성에 대한 불안이 가중되고 있는 현대사회에서 주변요소들에 대한 탈주관적 시선을 통해 제공되는 웃음은 현대인들의 만병의 원인이라 지적되고 있는 스트레스를 극복하게 하여 인간의 면역력을 증대시키는 의학적 효능을 가지고 있다. 이미 웃음 치료라는 분야는 치료학의 새로운 가능성으로 확인되고 있는 상황이다. 그러나 현재 많은 수에 이르는 웃음치료관련단체들은 웃음이 질병의 예방 및 치료에 유용하다는 사실을 강조하면서도 막상 웃음 그 자체에 관한 근원적인 연구에 있어서는 걸음마 수준에 있다. 웃음이 치료의 방법으로 쓰이기 위해서는 단순한 개그로 인한 웃음이외에도, 다양한 층위의 웃음들이 지니는 각기 다른 효용의 실체를 밝혀 그 적용 가능성을 연구하는 작업이 필요할 것이다.

참고문헌

ALBOUIN, Eugène.(1948), *Les genres du risible. Technique et psychologie du comique*, Marseille.

BAKHTINE, Mikhail(1970), *L'oeuvre de François Rabelais et la culture populaire au Moyen âge et sous la Renaissance*, Paris, Gallimard.

BERGSON, Henri(1900), *Le rire. Essai sur la signification du comique*, Paris.

BERTRAND Domique(1998), *Poétiques du burlesque*, Champion, Paris.

BERTRAND, Domique(1995), *Dire le rire à l'âge classique : représenter pour mieux contrôler*, Aix-en-Provence, PUP.

DESCLOS, Marie-Laurence(2000), *Le Rire des Grecs*, Edition Jérôme Millon.

DUMAS, Georges, *Le Sourire Psychologie et Physiologie*, Paris, 1948.

EASTMAN, Max(1958), *Plaisir du rire*, Paris.

FOURASTIE, Jean(1983), «Réfléxions sur le rire», Diogène, 121, p. 128-143.

FOURASTIE, Jean(1984), «Recherches et réflexions sur le rire, le risible, le comique et l'humour», Bulletin de la Société Française de Philosophie, p.65-123.

KOFMAN, Sarah(1986), *Pourquoi rit-on ? Freud et le mot d'esprit*, Paris.

KUSCHEL, Karl-Joseph(1994), *Laughter* : A Theological Essay, Londres.

LAGARDE F.(1997), 「Désordre et ordre dans : Le Roman comique」 in *French review*, vol. 70, no5, pp. 668-675.

LALO, Charles, Esthétique du rire, Paris, 1949.

MINOIS, Georges(1998), *Histoire du rire et de la dérision*, Fayard.

MORREALL, John(1983), *Taking Laughter Seriously*, Albany.

SAULNER, Claude(1940), *Le sens du comique*, Paris.

STERN, Alfred(1949), *Philosophie du rire et des pleurs*, Paris.

VOLTZ, Pierre(1970), *La Comédie*, Armand Colin, Paris.

사이코드라마의 치유 곡선

윤 일 수

1. 대안의학으로 자리매김

현대사회에서 중요한 화두 중 하나는 '건강'이다. 과거에는 건강의 의미를 신체적인 건강에 국한했지만, 오늘날에 와서는 신체적인 건강뿐만 아니라 정신적인 건강과 심리적인 건강까지 포함한다. 이런 시대상을 반영하듯 인문치료·연극치료·미술치료·문학치료·무용치료·음악치료 등 각종 치료가 범람하고 있다. 이토록 '~치료'가 범람하는 것은 그만큼 치료를 필요로 하는 사람이 많다는 의미다. 본고는 다양한 대안치료 중 하나인 '사이코드라마'가 어떤 대상에게, 어떤 상황에서, 어떤 목적을 가지고 시행되며, 그 결과 얻어지는 치료효과는 무엇인가? 라는 의문에서 출발했다. 즉, 다양한 '~치료'는 저마다의 특성과 효용성을 가지고 있을 것이며, 각각의 '치료'는 대상에 따라 그리고 증세에 따라 달리 사용되고, 그에 따라 치료적인 효능도 달라질 것이라는 가설을 증명하기 위함이다.

다른 대안치료와 달리 사이코드라마는 단회기로 끝난다는 특징을 가지고 있으므로, 주인공이 꺼낸 화두는 그 회기에 마무리지어야 한다. 그래야만 치료를 원하는 환부에 대한 치료가 완료되기 때문이다. 따라서 이상증세를 드러내는 문제의 원인을 찾아, 그것을 집중적으로 공략하는 형태로 진행되는 경향이 있다. 그러한 치유과정을 사이코드라마 치유모델이라고 한다. 골드만이 제시한 사이코드라마 와선모델의 경우, 문제를 해결하기 위해, 현재의 상황(Do)에서 출발하여 먼 과거장면(Re-Do)으로 들어가, 현재의 장면(Un-Do)으로 되돌아오면서 카타르시스를 느끼도록 하고, 필요에 따라 역할훈련을 개입시키는 구조를 가지고 있다(최헌진, 2003: 481). 사이코드라마의 진행과정과 각종 기법이 치유적인 효과를 가져다준다는 것은 이미 여러 연구자에 의해 증명되었다. 구체적으로 말하면, 사이코드라마 진행과정에 이루어지는 카타르시스·잉여현실·역할훈련 등이 치유적인 효과를 지니며, 기법 중 자기노출·역할교대·거울기법 등이 치유적인 효과를 지닌다고 한다(윤일수, 2011: 255~273).

이처럼 치료효과가 분명하게 나타나는 사이코드라마가 어떤 증세를 보이는 대상에게 효과적인지 증명할 수 있고, 나아가 다양한 '~치료'가 제각기 효과적으로 적용될 수 있는 대상과 증세가 무엇인지 밝혀낼 수 있다면 대안의학으로서 처방내리기가 가능해진다. 본고는 사이코드라마의 치료효과는 여러 가지 기법이 클라이언트(client)에게 새로운 지각으로까지 발전하도록 하기 때문이라는 가설에서 출발한다. 이러한 가설은 들뢰즈와 가타리의 '~되기'에 기반을 두고 있다. 다른 대상으로 '~되기'는 자기 울타리와 주변부와의 경계가 모호해지는 상태에서 성취될 수 있는 것이며, 자신을 버리고 전체성으로 거듭나는 것이다(Deleuze, Gilles · Guattari, Félix, 2003). 이처럼 '~되기'를 통해 자신의 울타리를 벗어나 다른 대상으로 되는 것은, 문제해결을 위한 열쇠를 갖는 것과 같은 역할을 하기 때문이다.

이 '~되기'와 궤를 같이 하는 것이 사이코드라마의 역할교대다. 역할교대는 단순히 다른 사람과 역할 교대만 한다고 실현되는 것이 아니라 완전히 그 사람이 되어야 실현되는 것이다. 모레노는 이러한 상황을 상대의 눈으로 바라보는 순간, 비로소 만남이 이루어진다고 했다. 최헌진은 '뫔굿'[몸+마음=뫔]을 통해 '~되기'는 '나 아닌 것 되기'를 넘어서 자신의 인격을 되찾는 과정이며(최헌진, 2007: 8~9), 생성의 과정이라고 주장함으로써 '과정'에 초점을 맞춘 것과(최헌진, 2005: 7~10) 달리, 본고는 '전체성의 회복'이라는 데 초점 맞추고 있다.

2. 치유효과를 생성하는 포인트 찾기

사이코드라마는 전문가로써 자질을 갖추기까지 통상 10여년의 훈련기간이 소요되는 분야다. 그만큼 고도의 훈련을 요하는 전문분야기 때문이다. 따라서 숙련된 전문가에 의해 진행되는 사이코드라마야말로 사이코드라마가 지니는 치유효과를 제대로 발현시킬 수 있다. 따라서 본고는 10년 이상의 경력을 가진 전문가가 디렉팅한 사이코드라마를 대상으로 삼았다. 먼저, 최헌진은 40여년의 경력을 가진 수련감독 사이코드라마전문가(TEP)며, 김세준 역시 20여년의 경력을 가진 수련감독 사이코드라마전문가(TEP)고, 윤일수는 10여년의 경력을 가진 1급 사이코드라마 전문가(CP)다. 이처럼 세 명의 디렉터가 진행하는 사이코드라마를 대상으로 삼은 것은 객관적인 분석을 위해서다.

2.1. 원인을 찾아 떠나는 여행

최헌진의 디릭팅 사례(2003: 688~699)는 1990년대 중반, 20대 여성을 대상으로 진행한 것이다. 주인공은 어릴 때 여동생이 교통사고로 죽는 것을 목격하고, 자신이 죽음으로 몰고 갔다는 죄책감때문에 죽은 여동생과 밀착관계가 형성되어 신체화(Physicalizing)를 보이는 상태다. 디렉터는 현재의 상태(Do)를 장면으로 만든 후, 현재의 문제를 발생시킨 과거의 시간으로 거슬러 올라가서 그 상황을 재경험(Re-Do)하고, 다시 현재로 돌아와 주인공이 새로운 모습으로 재탄생(Un-Do)하는 진행과정을 취하고 있다. 구체적인 내용은 다음과 같다.

〈표 1〉 최헌진 디렉팅의 사이코드라마

진행 과정	내 용
Do	낮에 여동생 방에 혼자 있을 때 멍함, 몸에 힘이 없어지고, 손발이 차가워져 몸이 얼어버리는 것 같음, 모든 것이 참담해지고 몸이 사라지기 시작해서 어디론가 가버림, 앞이 안 보임

진행 과정	내 용
Re-Do	· 10살 때 여동생이 트럭이 치여서 죽는 것을 보면서도 움직일 수 없었음, 소품을 던져 트럭을 막는 장면으로 교정적 재경험을 함 · 동생의 시신이 있는 병풍 안과 화장터에 가보지 못했으나 동생의 죽음에 대한 애도작업을 하고 여동생의 시신을 안아봄
Un-Do	· 장지에서 여동생의 화장에 필요한 의식을 거행함, 여동생의 죽음과 관련된 카타르시스를 경험한 후, 여동생과 분리되지 못하고 있는 자신의 문제를 통찰하게 됨 · 여동생을 데려간 하느님을 만나 대항함, 죽은 여동생으로부터 자유로워짐

디렉터는 인터뷰를 통해 주인공이 현재 심각한 신체화를 보이고 있다는 것을 탐지하고, 그 원인을 찾아 그것을 제거하는 방식으로 사이코드라마를 진행한다. 그러한 신체화는 10살 때 여동생이 교통사고를 당해 죽던 상황에서 아무런 대응도 하지 못한 것에 대한 죄책감에서 비롯된 것이며, 그러한 상황을 유발시킨 하느님에 대한 저항에서 비롯된 것으로 보았다. 따라서 여동생이 교통사고를 당하던 그 시점으로 돌아가 주인공의 경험을 교정하는 방법을 취했다. 과거의 경험을 그대로 재현하는 것이 아니라 교정된 형태로 주인공에게 인식되는 것이다. 과거의 주인공은 여동생의 죽음을 지켜볼 수밖에 없었으나, 수정된 과거에서 주인공은 여동생을 죽음에서 구해내는 것으로 재경험한다. 그로 인해 주인공은 동생을 지켜주지 못했다는 죄책감에서 벗어날 수 있게 되었다.

이처럼 억눌린 정서를 배출하면 카타르시스를 통해 위안과 가치를 얻게 된다. 그동안 문제 상황을 올바르게 바라보고, 자발성을 발휘하는 데 방해가 되던 요소가 제거되었기 때문이다(Sternberg, Patricia & Garcia, Antonina, 1999: 49~50). 그동안 주인공은 자신을 여동생조차 지켜주지 못하는 힘없는 존재로 인식하여 무력감에 빠져있었지만, 교정적 재경험을 통해 여동생을 지켜주는 경험을 함으로써 생기를 되찾게 되었다. 이처럼 사이코드라마는 신체활동을 통해 종전까지 가지고 있던 감정을 새로운 감정으로 변화시킨다. 이러한 과정을 주인공의 감정변화라는 측면에서 살펴보면 다음과 같다.

Pt.15 : (동의를 구하는 표정으로 Dr.를 바라보며) 앉아도 되죠? 기대고 싶어요. 힘이 없으니깐. 손발이 차가워지고 몸이 얼어 버리는 것 같아요.

……(중략)……

Pt.21 : 앞이 안 보여요. [Pt: Protagonist, Dr: direct의 약자(略字)]

Pt.15와 Pt.21에서 주인공은 여동생의 죽음에 대한 죄책감 때문에 신체화가 일어나고 있다. 주인공은 과거에 자신이 통제할 수 없는 상황에서 발생한 여동생의 죽음에 대한 트라우마로 그와 유사한 상황이 되면 항상 그 순간과 유사한 반응을 보이게 되는 자발성 제로의 상태가 된다. 그리고 자신이 감당하기 어려운 상황을 부정하기 위해 몸이 얼어버리는 증세 외에도 앞이 안 보이는 증세를 보였다. 이러한 증세를 보이게 된 근원적인 원인을 찾아 과거로 거슬러 올라가는 것으로 사이코드라마가 진행된다.

Dr.29 : (Pt.를 바닥에 눕히고, 관객에게 요청하여 몇 명이 Pt.를 움직일 수 없도록 누르게 한 다음, Pt.의 더블이 되어 독백, 주문을 외듯이) '나는 가끔 어머니 방, 동생 방에 앉아 있다. 그러면 참담해지고 양손이 차가워지기 시작하면서 눈물이 글썽이고, 나는 온몸에 힘이 빠지면서 쓰러진다.' ……(후략)……

Pt.29 : 어쩔 수 없었어요.(울부짖는다.)

Dr.30 : 울고만 있을 거야? 반응을 하라니깐. 어떤 반응이라도 좋아. '안 들을 거야!' 해! '그러면 안 돼!', '그럴 수 없어!' 해.

Pt.30 : 안 돼! (울부짖으며, 누르고 있는 보조자에게 빠져나오려 발버둥치며) 이렇게 끝나면 안 돼! 이렇게 모든 게 끝나 버리면 안 돼!…….

Dr.31 : '그럴 수 없어.'라고 해!

Pt.31 : 살고 싶어. 힘을 쓸 수 없어. (울부짖으며) 제발 좀 놔라! 이렇게 끝나 버리면 나는 어떡하라구! (보조자에게서 빠져나와 벽에 기댄다.) 조금 보인다. 손이 조금 뜨거워진 것 같아요…….

Dr.29와 Dr.30에서 디렉터는 상황을 설정하여, 주인공이 신체화를 극복할 수 있도록 자극한다. 주인공은 자극을 받게 되자, 주인공은 Pt.29·Pt.30·Pt.31에서 드러나듯이, 자신의 처지를 한탄하고, 그 압박으로부터 탈출하려는 의지를 드러낸 후, 탈출에 성공하는 과정을 통해 카타르시스를 맛보게 된다. 그리고 주인공은 집단이 만든 압박물로부터 벗어나기 위해 육체적인 힘을 많이 사용하는 과정에 Pt.31과 같이 몸이 뜨거워지는 경험을 한다. 이러한 경험은 몸이 차가워지고 굳어지던 신체적인 반응과 다른 새로운 경험이다. 같은 상황에서 평소와 다른 반응을 보이는 경험은 패턴화된 행동양식을 극복할 수 있는 계기가 된다. 특히 '차가움'에서 '뜨거움'

으로 변하는 신체적인 경험을 몸이 기억함으로써, 유사한 상황에 처하게 되면, 몸이 그 기억을 재연하게 된다. 이러한 신체적 압박으로부터의 탈출은 그동안 심리적 압박으로 인해 '아무 것도 안 보이던' 상태에서 '조금 보이는' 상태로 변화시켰다.

이처럼 몸과 심리상태는 동반자적인 관계에 놓여 있으므로 신체적인 반응이 변하면 심리상태도 더불어 변하게 된다. 모레노의 표현을 빌자면, 몸과 마음은 서로 연계되어 있기 때문에 이러한 행위를 통해 느끼게 되는 것은 예기치 못한 내면의 깊은 부분을 건드렸기 때문이라고 한다. 이 순간 찾아오는 카타르시스는 단순한 감정의 분출을 넘어서는 '정신적 카타르시스(mental catharsis)'다. 이처럼 행위화를 통해서 발생하는 카타르시스는 단순히 보고 듣는 것[언어]에서 비롯되는 것보다 훨씬 우월하다고 한다(Hoey, Bernadette, 2011: 55). 이러한 행위화는 주인공의 자발성을 올리고자 하는 목적도 있지만, 자신을 억압하는 상황에서 벗어나 치유받고자 하는 주인공의 의지를 신체로 표현하는 두 가지 목적을 가진다.

두 번째 단계는 주인공의 자발성을 한층 높여주는 형태다. '압박으로부터 벗어나기'가 수동적인 방어라면, '위협물 퇴치하기'는 능동적인 방어로 한층 높은 자발성이 요구된다.

Dr.36 : 자, 할 수 있는 방법으로 트럭을 막아 봐. (지지하며) 10살이라도 할 수 있어. (Dr.는 관객 가운데 여러 명을 동원해 커다란 인간트럭을 만들고, 앞에 단단한 벽을 세운다. 트럭을 가리키며) 트럭이 오고 있는데 어떻게 할래? …… 뭐 해?

Pt.36 : 음…….

Dr.37 : (던질 만한 소품을 손에 쥐어 주며) 눈 감고 던져.

(Pt.가 트럭을 향해 소품을 던진다.)

Pt.37 : 이제 보고 던질 수 있어.

(Pt.가 트럭을 향해 소품을 던진다.)

Dr.38 : 이제 쳐 봐……. (격려하며) 할 수 있어.

Pt.38 : (Pt.가 트럭을 몽둥이로 내리친다.)

Dr.39 : 자 이제 트럭이 다시 올 거야. 그때 내리쳐!

Pt.39 : (트럭이 Pt.를 향해 달려오고, Pt.는 울부짖으며 트럭을 연거푸 내리친다.)

Dr.40 : 봐! 네 몸이 굳어지지 않잖아. 이제 정말 무시무시하고 까만 트럭이 올 거야. (다짐하듯) 할 수 있지?

Pt.40 : 한번만 다시 할게요.

……(중략)……

Pt.41 : (트럭을 막아서며 소리친다. 트럭을 몽둥이로 내리치기 전보다 훨씬 커진 목소리로) 오지 마! (트럭이 무대에서 사라진다.) 이젠 지킬 거예요. 오는지 안 오는지.

주인공은 10살 때 여동생이 트럭에 치여 죽는 모습을 보며 신체화가 일어났다. 앞서 이루어진 상징적인 압박으로부터 벗어나는데 성공함으로써, 정서적 카타르시스를 얻었던 것이다. 여동생의 죽음 앞에서 무력했던 10살 아이는 처음에는 두려움 때문에 눈감고 대처하지만, 점차 자신감이 생겨 눈을 뜨고 대처하고, 나중에는 도구까지 동원하게 된다. 그리고 처음 물건을 던져 트럭을 막는 행위는 디렉터의 지시에 의한 비자발적으로 이루어졌지만, Pt.37에서 '눈을 뜨는 것'과 Pt.40에서 '한번 다시' 하는 행위는 자발적으로 이루어졌다. 그동안 무의식적인 회피(avoidance)에 의해 두려운 상황과 맞닥뜨리면 안 보이는 증상이 나타났는데, 트럭을 퇴치하는 과정에서 자발적으로 눈을 뜨게 되었다. 그간에 주인공을 압박하던 외상으로 인해 현실을 회피했으나 과거로 돌아가 달라진 나를 경험함으로써 현실을 직시하게 된 것이다. 이러한 행동의 변화는 주인공의 자발성이 높아짐으로써 종전과 다르게 반응하게 되었음을 의미한다.

주인공은 잉여현실을 통해 여동생을 트럭으로부터 지켜내는 행위를 해봄으로써 여동생의 죽음으로 인한 죄책감에서 벗어날 수 있었다. 여동생을 떠나보내는 행위는 여동생에게 못 다한 사랑을 나누어주는 행위를 통해 이루어졌다. 치료란, 처지의 문제가 아니라 환자에게 잠재되어 있는 창조적 가능성을 계발하는 것이라는 융의 정의처럼(Jones, Phil, 2005: 25), 주인공은 디렉터의 인도에 따라 자기 스스로 문제를 해결해 나갔던 것이다.

Dr.51 : 조금 있으면 여동생을 저 하늘로 보낼 겁니다. 언니! 괜찮아요? 정말, 괜찮아요? 화장터까지 갈래요? '몸이 안 움직인다.' 그랬잖아요……. 일어서 봐요. ○○야! 언니한테 힘 좀 줘.

Pt.52 : (일어서며) 한번만 안아 볼래요.

Dr.52 : 평소 마음속으로 많이 안아 봤어요?

Pt.53 : 아니요…… 지금…… (동의를 구하는 표정을 짓는다.)

Dr.53 : 무서울 건데.

Pt.54 : 안아야 보낼 수 있을 것 같아요. (울면서 여동생의 시신을 안는다.) (오랜 사이)

……(중략)……

Pt.63 : 네가 가야 돼. 내가 ○○에게서 자유로워지지.

주인공의 죄책감은 그동안 여동생에게 사랑을 베푸는 것을 가로막고 있었는데, 죄책감을 떨쳐버림으로써 여동생에게 사랑을 표현할 수 있게 되고, 그 다음에 여동생을 떠나보냄으로써 여동생과 분리된다. 미해결 과제가 있는 상태에서는 다음 단계로 나아갈 수 없는데(김정규, 2009: 115), 죽은 여동생에 대한 죄책감이라는 미해결 과제가 해결됨으로써 동생에게 애정을 표현하는 다음 단계로 나아갈 수 있게 된 것이다.

Pt.68 : 하느님께 이야기를 하고 싶어요. 화가 막 나요. 두들겨 패고 싶어요. "당신 이 전지전능하다면 이런 일은 만들지 말았어야지. 왜 너 마음대로 해. 뭐가 거룩한 것이야. (몽둥이를 들어 계속해서 의자를 내리치며) 난 정말, 당신을 증오하며 살 거야. 내가 움직이지 않는 것도 당신한테 대항하는 거야…… (울부짖으며) 만들지 말았어야지. 왜 데려가? 당신 손아귀에서 당신 마음대로 돼야 해?"

…… (중략) ……

Dr.70 : (Pt.의 더블) 당신이 인간을 죽이기 전에 내가 내 자신을 죽일 거야! 가끔 마비되고…….

Pt.70 : 그래도 억울해서……. (비꼬듯이) 사랑? 좋아하네! (소리치며) 나는 너라는 것도 이기면서 살아갈 거야! 두고 봐!

또한 주인공은 자신이 통제할 수 없었던 여동생의 죽음을 전지전능한 하느님이 막아주지 못했다는 원망 때문에, '몸을 움직이지 못하고 자신이 사라져간다는 상상과 함께 아무 것도 보지 못하는' 이상증세를 보여왔다. 이것은 하느님에 대한 분노에서 발생한 저항(resistance)의 일종이다. 그런데 죄책감으로부터 벗어나고 신체화가 사라져, 죽은 여동생과 분리되는 작업이 이루어짐으로써 그동안 억압하고 있던 하느님에 대한 분노를 표출하게 되었다. 즉 자신의 감정을 솔직하게 분출할 수 있는 건강한 심리상태를 회복한 것이다. 이처럼 모든 사람은 자기 스스로 자신을 보살피고 치료하는 자립능력을 가지고 있으므로, 치료자는 주인공의 자립능력을 일깨워주고 본래의 능력을 회복하도록 도와주는 조력자로서 잠재력을 가지고 있다.

다음은 사이코드라마를 통해 자기 자신의 본 모습을 회복한 주인공이다.

Dr.80 : 올라가면 누구 만날 건데?
P t.80 : 구름은 둥실둥실. 구름 위를 날아다닐 거야. 만나는 사람들이나 만나지.

오틀리에 의하면, '치유하다'라는 용어의 어원으로 거슬러 올라가 '흠 없이 온전함'을 뜻하는 '건강한'에 연결된다고 했으며, 치유로 작용할 수 있는 관계에 참여하게 되는 것을 치료라고 규정했다(Jones, Phil, 2005: 25). 이런 의미에서 본다면 평소에 혼자 있을 때 몸이 얼어붙고 앞이 안 보이는 신체화를 통해 회피반응을 보이던 주인공이, 더 이상 문제를 회피하지 않고 직면하여 그것을 타파한다. 즉 주인공 본연의 건강한 모습을 회복하여 상황에 적절하게 반응할 수 있는 자발성을 회복한 것이다. 바로 치유가 된 것이다.

2.2. 마음을 보담아 보는 여행

윤일수의 디렉팅 사례는 2010년대 초반, 20대 남성을 대상으로 이루어졌다. 박진석(가명)은 부모가 이혼위기 상황이며, 어머니와 밀착관계를 형성하고, 아버지와는 적대관계를 형성하고 있었다. 어머니에게 폭력을 행사하며 분노를 통제하지 못하는 아버지를 증오하면서 그 모습을 그대로 닮고 있는 자신을 바꾸고 싶어했다. 사이코드라마 참여는 자발적인 방문으로 이루어졌다. 구체적인 내용은 다음과 같다.

〈표 2〉 윤일수 디렉팅의 사이코드라마

진행 과정	내 용
Do	· 폭력적이며 분노조절이 되지 않는 아버지를 증오하면서도 그대로 닮고 있음
Re-Do	· 주인공이 제일 싫어하는 좋은 사람인 척하는 아버지의 모습을 재연함 · 고생해서 돈을 버는 아버지의 노고를 헤아리게 됨
Un-Do	· 어린시절 행복했던 아버지와의 추억이 떠오름 · 아버지에게 감사하는 마음이 생김

주인공은 아버지에 대한 증오와 분노를 없애고 싶다는 목표를 가지고 있었다. 따라서 디렉터는 아버지에 대한 부정적인 시각을 가지고 있는 주인공이, 객관적인 시각으로 아버지를 바라볼 수 있도록 사이코드라마를 진행했다. 그러다보니 사이코드라마는 아버지의 입장을 이해하고 아버지와의 좋았던 기억을 회상함으로써 아버지에 대한 부정적인 시각을 바로잡는 방향으로 진행되었다.

Dr.26 : 가장 서운한 게 뭐야.

Pt.16 : 잘못한 걸 몰라요. 잘못을 인정을 안 해요.

…… (중략) ……

Pt.18 : 인정도 안하고, 자기가 바람피는 건 인정은 하는 데 정식으로 사과를 안 해요. 그리고 욕하고 때리고. 생활비도 지가 주고 싶을 때만 주고.

Pt.22 : 야, 니가 생활비를 안 줘서 중학교 때 얼마나 힘들었는데. 니 땜에 내가 고생한 게 얼만데. (Pt가 바타카를 치면서 운다.) 니땜에 엄마까지 망가지고.

…… (중략) ……

Pt.23 : 니가 돈을 안 줘서 장학금을 받았는데. 학교가 오만원을 주면서 전교생 앞에서. 오만원을 주면서 전교생 앞에서 못 사는 애 준다고 줬어요. 그때 아빠는 바람폈고.

Dr.40 : …… (전략)…… 최근에 가장 힘들었던 때가 언제예요?

Pt.30 : (한참 생각하다가) 아버지가 교회에서 쇼할 때.

…… (중략)……

Pt.31 : 교회에서 나오는 길이었어요. 차가 와요. 사람이 못 와요. 알아서 가면 돼요. 그런데 괜히 나서 가지고 나에게 빨리 오라고 손을 잡아가지고.

Dr.42 : 그때 기분이 어땠어요?

Pt.32 : 쇼한다고.

주인공의 아버지에 대한 미움은, 처음에는 폭력적이라는 것이 이유였으나 점차 외도를 인정하지 않는 것, 가정적인 척하는 것, 생활비를 안 주는 것으로 옮겨갔다. 그 과정에서 아버지에 대한 미움은 아버지가 가정을 돌보지 않았기 때문에 자신이 어려움에 처했기 때문임이 밝혀진다. 그 과정을 표로 나타내면 다음과 같다.

〈표 3〉 주인공의 투사와 전치 과정

폭력적인 아버지	⇨	인정을 안 하는 아버지	⇨	쇼하는 아버지	⇨	생활비 안 주는 아버지
폭력적인 자신	⇦	인정받고 싶은 자신	⇦	쇼의 구경거리가 된 자신	⇦	가난한 자신

즉 Pt.는 아버지가 어머니에게 폭력을 행사하는 것에 대해 분노하고 있지만, 그것은 아버지에게 폭력을 행사하는 자기 자신에 대한 분노다. 또한 자신의 잘못을 인정 안하는 아버지에 대한 분노는, 인정받고 싶어하는 자기 욕구의 반영이며, 쇼하는 아버지에 대한 분노는 가정을 돌보지 않았기 때문에, 그로 인해 자신을 구경거리로 만든 것에 대한 분노다. 이처럼 아버지에 대한 분노는 자기 자신에 대한 투사(projection)이자, 쇼를 주도한 사람에 대한 부정적인 감정의 전치(displacement)로 드러났다. 이러한 행동은 주인공의 무의식세계를 반영한 것이다. 진석은 자신의 무의식을 알지 못하고 있는 상태이기 때문에 자신의 무의식적 요소를 아버지에게 투사했던 것이다. 지각하지 못한 자신의 결점 때문에 남을 공격하고 비난하며 나무라는 데, 자기인식은 이런 투사의 정체를 알게 해준다. 더 이상 타인을 향하여 비난하고 조소할 필요가 없기 때문이다(Hall, Calvin S.·Nordby, Vernon J., 2006: 85).

이처럼 무의식세계에 자리잡은 해묵은 분노를 쏟아낸 뒤, 아버지와의 역할교대를 통해 아버지의 진심을 느껴보도록 했다.

Dr.135 : 자, 진석아. 길 건너야지.
(차가 오자, 아버지가 길을 건너는 진석이의 손을 잡는다.)
Dr.136 : 아버님, 20살인 진석이의 손을 잡으셨는데, 왜 잡으셨어요?
아버지35(Pt.): 다칠까 봐 걱정이 돼서요.
……(중략)……
(역할 교대한다. 디렉터는 차가 되어 길을 걸어가는 Pt.와 보조자 앞에서 급정거한다. 보조자가 Pt.를 잡는다.)
Dr.139 : 아니야, 네, 아빠 교회사람들 앞에서 가우 잡으려고 하는 거야. 너 바보냐. 너 다칠까 봐 그러는 거 아냐. 교회사람들 앞에서 잘 보일려고 그러는 거야. 너 20살인데 길도 못 건너냐?
Pt.137 : 아니에요. 내가 정말 다칠까 봐, 걱정돼서 그래요.

종전까지 주인공은 아버지가 교회 앞에서 차량을 통제하는 것을 사람들에게 잘 보이려는 '쇼'로 받아들였다. 아버지에 대한 분노가 어느 정도 표출된 상태에서 역할교대를 통해 직접 아버지가 돼 봄으로써 아버지의 마음은 자식에 대한 걱정에서 비롯된 진심이라는 것을 느끼게 되었다. '나'에게만 머무르던 세계가 '너[아버지]'로까지 확장되어, 아버지에 대한 감정상의 변화가 일어나자 Dr.139의 자극에 대해 Pt.137는 확고한 신념을 담아서 아버지의 '자식에 대한 사랑'이라는 진심을 옹호하기에 이른 것이다. 이렇게 감정의 변화로 인한 카타르시스를 경험하여 부정적 기억만 연상했으나 아버지에 대한 긍정적 기억을 연상하게 되었다.

Pt.123 : 아빠가 힘드는 줄 알아요. 옛날에 아빠 밑에서 일주일 동안 일했는데, 그때 정말 힘들었어요. 아빠가 아르바이트비로 20만원 줬는데, 그때 아빠 힘든 것 알고, 엄마한테 "아빠 정말 힘들더라. 이제부터 엄마편 안 들고 중립에 서겠다"고 그랬더니, 엄마가 막 화냈어요.

Dr.129 : 제일 좋았던 기억은?
Pt.130 : 초등학교 때 권투하고 좋았어요.
Dr.130 : 초등학교 때 좋았어?
Pt.131 : 아, 정말 초등학교 때는 좋았어요.
Dr.131 : (Pt.와 보조자의 손에 천을 둘러준다.)
Pt.132 : 아, 정말 그때는 좋았어요.
……(중략)……
Pt.134 : (웃으면서 권투를 한참 한다.) 아, 하하하.
아버지31 : 권투!
Pt.135 : 옛날에는 개 데리고 산책도 자주 하고 정말 좋았어요. (Dr. 강아지를 만들어 준다. Pt.와 보조자는 강아지를 데리고 산책을 한다. 다정하게 산책을 한다.)

Pt.123과 같이 주인공은 '가족을 위해 힘들게 일하는 고마운 아버지'라는 감정을 가지게 되면서 Dr.129의 자극에 의해 Pt.130과 같이 그동안 무의식 세계에 묻어두었던 아버지에 대한 좋았던 기억이 떠오르고 그것을 Pt.134와 같이 몸으로 느껴봄으로써 주인공에게 아버지는 Pt.135과 같이 감정적으로 좋은 아버지로 다가온다. 이처럼 역할교대는 주인공에게 새로운 상황에 직면하게 함으로써 예상치 못했던 놀라움을 경험하게 한다. 그 결과 주인공에게 새로운 통찰력이 생겨 본래 자기의 역할에 머물러 있을 때보다 훨씬 역동적이 되었다. 이로 인해 주인공은 종전과 다르게 아버지를 대할 수 있게 된다.

종전까지 Pt.123에서 부모 중 누구의 편을 들지 않고 중립에 서겠다는 진석에게 화를 내는 어머니처럼, 종전까지 주인공은 아버지를 가족이라는 공동체의 일원으로 받아들인 것이 아니라 타자화시킴으로써 대립관계를 형성했었다. 진석은 역할교대를 통해 직접 아버지가 되어봄으로써 아버지가 가족의 일원임을 깨닫게 된 것이다. 그 결과 박진석은 '아버지의 노고에 고마움을 표현하겠다.'는 마음이 생겼다고 했다. 아버지에 대한 분노와 미움이 사라졌으며, 편안한 관계가 되었다고 했다. 그동안 진석의 의식 속에 왜곡되어 자리잡혔던 아버지의 존재를 본래의 상태로 회복시켜 놓은 것이다. 종전까지 존재했던 주관적인 느낌들을 전복시키고, '나'와 '너'의 경계를 무너뜨리고 탈영토화시키는 것이다(Deleuze, Gilles · Guattari, Félix, 2003: 444). 그래야만 비로소 '가족'이라는 우주로 통합될 수 있기 때문이다.

2.3. 영혼을 감싸 안는 여행

김세준의 디렉팅 사례는 2011년 7월 8일에 방영된 SBS Plus 〈미워도 다시 한번〉에 출연했던 대학생 부부와 성격차이 부부의 사이코드라마다. 먼저, 대학생 부부는 아내 곽새롬(22세)이 남편 전상건(21세)을 때리는 상황이다. 곽새롬은 어린나이에 학업과 육아를 비롯한 집안 살림을 도맡아 해야 하는 버거움에서 오는 스트레스를 전상건을 때리는 것으로 해소하고, 전상건은 가장으로서 존중받지 못하는 스트레스로 인해 가정을 포기하고 싶어한다. 현재 이혼숙려기간에 있으며 솔루션 참가는 가정을 지키고자 하는 마지막 희망에서 비롯된 것이다. 구체적인 진행과정은 다음과 같다.

〈표 4〉 김세준 디렉팅의 대학생 부부 사이코드라마

진행과정	곽 새 롬	전 상 건
Do	감당하기 버거운 결혼생활을 배우자의 탓으로 돌리기에 바쁨	버거운 가정을 포기하고 떠나고 싶음
Re-Do	가정에 무심한 남편 대신 홀로 가장 역할을 담당함	어려서 어머니를 여의고 '힘들다.'는 표현을 못하고 삶
Un-Do	예원을 위해 행복한 가족 만들기에 힘씀	예원을 위해 행복한 가정을 일구려고 함

부부이혼 극복 솔루션의 형태로 진행되는 〈미워도 다시 한번〉은 TV라는 매체의 특성으로 인하여 사이코드라마의 편집분 일부만 방영된다. 편집분만 방영하는 것은 텔레비전이라는 매체의 특성상 시간적인 제약을 받는데 기인하기도 하고, 사이코드라마의 집단상담적 성격상 사생활보호를 중시여기는 데 기인하기도 한다(윤일수, 2012: 195) 따라서 사이코드라마 전 진행과정을 알 수 없다는 한계가 있다. 그렇지만 이혼을 원하던 곽새롬과 전상건이 사이코드라마를 하고 난 후, 딸을 위해 가정을 지키고 싶어하는 것으로 감정변화를 일으키고 있다. 대학생 부부는 학업과 육아 그리고 집

안 살림을 겸해야 하는 현실에 버거움을 느끼고 있으며, 그 버거움에서 벗어나기 위해 이혼하려는 상황이다. 사이코드라마를 통해, 곽새롬은 현재 느끼는 버거움이 소녀가장 역할을 했던 과거기억 때문에 중압감이 가중되고 있으며, 전상건은 '힘들다.'는 말조차 하지 못했던 어린시절의 기억으로 인해 중압감이 가중되고 있음을 깨닫게 된다. 나아가 자신들이 겪었던 상황을 어린 딸에게 대물림시키지 않기 위해 가정을 지켜야겠다는 것으로 마음이 변한 것이다.

이와 같이 '이혼을 해야겠다.'에서 '가정을 지켜야겠다.'로 마음이 변하게 된 것은 곽새롬과 전상건이 '가정'에 가졌던 감정이 변했기 때문이다. 가정이 주는 따뜻함을 제대로 경험하지 못했던 두 사람에게 가정은 자신을 힘들게 하는 곳이었으나, 사이코드라마를 통해 힘들었던 기억을 행위화를 통해 분출하고 카타르시스를 느낌으로써 억압된 기억으로부터 해방될 수 있었다. 해방감으로 자발성을 회복한 대학생 부부의 시각에는 종전까지 자신을 억누르던 가정의 중압감은 사라지고 아무리 힘들더라도 지켜야 하는 소중한 곳으로 의식의 전환이 이루어졌다.

어린시절 자신의 모습과 동일시되는 어린 딸의 존재를 보면서 그 결심을 확고히 하고 있음이 드러난다. 종전까지 김새롬은 전상건에 대해 함께 더불어 살아가야할 가족의 일원으로 바라보기보다 아이 때문에 어쩔 수없이 사는 존재로 인식했으며, 전상건은 가족을 감당하기에 버거운 존재로 인식했다. 배우자를 서로 타자화시켰던 고착된 인식은 예림과의 역할교대를 통해 전체성으로 받아들여지게 되었다. 즉 종전까지 자신의 안일을 위해 가족은 해체될 수 있는 존재에서, 가족은 행복하게 가꾸어야할 공동운명체로 받아들여졌던 것이다. 즉 인식의 차원이 '나'에 머무르지 않고 '나'를 넘어서 '너'를 포함하는 '우리'로 확장되고 있다. 바로 '~되기'를 통해 영역이 확장됨으로써 감정의 변화를 가져올 수 있었다.

다음, 성격차이 부부인 겉멋에 죽고 사는 조범일(26세)과 생활고에 찌든 김지혜(25세)는 서로를 이해하지 못하고 배척하는 관계다. 김지혜는 홀로 가계를 책임지게 되어 생활고에 찌들었음에도 남편으로부터 지지를 전혀 받지 못하는 상황이고, 조범일은 매사를 심각하게 생각하는 아내를 이해하지 못하는 상황으로 부부가 각기 다른 세계에 살고 있다. 즉 서로를 타자로 인식한다. 구체적인 내용은 다음과 같다.

〈표 5〉 김세준 디렉팅의 성격차이 부부 사이코드라마

진행과정	김 지 혜	조 범 일
Do	홀로 가계를 책임진 부담감과 공감받지 못하는 외로움	어떤 상황에서도 웃음과 장난으로 넘어감
Re-Do	어린시절 겪은 이혼가정의 어려움	· 어린시절, 자신이 웃는 날이면 불행해진다고 웃지 못함 · 웃으면 행복해질 것이라는 생각에 늘 웃게 됨
Un-Do	민재를 위해 가정을 지키고자 남편을 기다림	행복한 가정으로 만들기 위해 노력할 것을 다짐함

성격차이 부부의 사이코드라마는 진행과정을 비교적 상세하게 보여주고 있다. 김지혜는 부모님이 이혼을 해서 어릴 때부터 집안

살림을 도맡아 했으며, 현재도 가계를 책임지고 있는 상황이다. 이처럼 감당하기 힘든 상황이 반복되면서 아무리 힘들어도 힘들다는 표현을 하지 못한다. 감정을 억누르고 분노를 억누르는 상황이 지속적으로 반복되면서 고착된 것이다. 그 결과 문제를 해결하고자 하는 의지를 완전히 상실하고, 현재 상황을 극복하기보다 가족해체를 통해 힘든 상황을 회피하려고 한다. 이러한 가족이라는 존재에 대한 김지혜의 감정상태가 변하는 과정이다.

Dr. : 너무 힘들 때 포기하고 운적 없나요?

Pt. : 많아요. 그럴 땐 떠나고 싶어요. 아무도 모르는 곳으로 아이와.
(역할 교대한다.)

Pt.(보조자) : 아빠를 떠나 우리 둘이 살까?

민재(Pt.) : (고개를 가로 젓는다.)

……(중략)……

민재 : 아빠랑 셋이 같이 살고 싶다. 난 아빠도 필요하단 말이에요.

Pt. : 엄마 혼자 못 살아. 엄마랑 같이 가야 돼.

김지혜는 민재와의 역할교대를 통해 종전까지 자신에게 초점이 맞추어지던 세계에 머물렀으나, 아들과 남편에게까지 포함하는 확장된 세계에 머물게 되었다. 즉 인식의 폭이 소우주에서 대우주로 확장된 것이다. 종전까지 타자화되던 남편도 확장된 세계 안에서는 더 이상 타자가 아니라 '우리'라는 가족공동체로 묶여진다. 남편은 더 이상 부담스러운 존재가 아니라 힘을 합쳐 함께 살아가야할 동반자가 되었다. 이러한 '~되기'에는 자신과 구별된 주체가 없다고 한다. 왜냐하면 이 항은 나름대로는 그것의 주체이고 그것과 공존하며 그것과 블록을 이루는 다르게 되기 속에서만 포착되기 때문이라고 한다(Deleuze, Gilles·Guattari, Félix, 2003: 453). 그 결과 종전까지의 '남편=싫은 존재'라는 고착된 인식에서 탈피하여 남편과 사랑으로 맺어지던 최초의 상태로 돌아가 남편에 대한 믿음을 가지고 기다릴 수 있게 되었다.

(Pt.는 아들 민재가 되어 아빠에게 이야기한다.)

민재(Pt.) : 엄마가 혼자 일하니깐, 힘들어서 아빠한테 투정부리는 건데 아빠가 안 받아주고 대충 넘어가니까 엄마가 힘들어하는 것 같은데, 진심으로 얘기하고 일도 해서 엄마한테 힘이 됐으면 좋겠어요.

……(중략)……

(Pt.는 이상적인 남편상과 대화를 한다.)

남편 : 힘이 되는 남편이 될게. 우리 아들을 위해 당신 힘이 되어 줄게. 그리고 포근히 안아 줄게.

Pt. : 나도 믿고 기다려 볼 테니까, 내 믿음을 배신하지 마.

'가족'이라는 공동체와의 만남이 이루어진 상태에서 김지혜는 민재와의 역할 교대를 통해 남편에게 속마음을 솔직히 드러낼 수 있게 된다. 민재 역할을 통해 '김지혜'라는 분명한 경계를 가지는 울타리를 허물고 '조범일'이라는 또다른 우주를 받아들임으로써 '가족'이라는 전체성으로 인식하게 되었다. '조범일'에 대한 감정이 무장을 해제한 상태에서, 민재의 입장에서 행복한 삶을 위해 아버지가 필요하다는 것을 깨닫게 된다. 그뿐만 아니라 잉여현실을 통해 이상적인 남편으로부터 자신이 원하는 말을 들음으로써 사이코드라마를 시작하기 전에 이혼을 원하던 감정과 다르게 남편을 믿고 기다리겠다는 것으로 감정이 변한다. 이처럼 사이코드라마는 주인공의 감정을 새로운 방향으로 변화시키는 데 탁월한 효과가 있다.

다음, 조범일은 어린시절 불행했던 기억에서 벗어나고자 행복해지고자 하는 염원에서 늘 웃지만, 그것은 아내와의 관계를 악화시켜 이혼으로 치닫게 하는 결과를 초래했다.

> Dr. : 웃으니까 좋은 데 힘들어요?
> Pt. : (시작과 동시에 웃음이 나와 멈추지 못하고) 제가 항상 장난식이어서.
> 아내 : 장난같지? 웃음이 나와? 내가 이렇게 이야기하면 진지하게 들어주면 안 돼?

주인공은 어릴 때 웃는 날이면 늘 맞았던 좋지 않은 기억이 있다. 우스운 것을 봐도 웃지 못하고 장난도 치지 못하는 불행한 시절이었다고 한다. 이후 막연히 웃으면 행복해질 것 같아서 항상 웃게 되었는데, 그것은 진지하지 못하고 장난스럽다는 부정적인 피드백으로 돌아왔던 것이다. 조범일처럼 상황에 맞지 않는 웃음은 자기정체감과 의미있는 타인과 공감을 나누는 능력이 손상되었기 때문이다(Kellermann, Peter Felix & Hudgins, M. K., 2008: 134~135). 따라서 주인공 스스로 자신을 가두고 있는 과거의 불행한 기억에서 빠져나와 외상을 치료해야만 현실부적응 상황에서 벗어날 수 있다. 불행한 과거로부터 빠져나오는 작업은 '26살 범일'이 '7살 범일'을 고통스러운 상황에서 꺼내는 것으로 행위화되었다.

Pt. : (7살의 범일에게) 이리 와. 이리 오라고. 고통 속에서 벗어나 현실로 나와. 범일아, 일루 오라고. 잘 참았잖아. 아무도 없어도 잘 참았잖아. 행복해져야지. 웃는 날이 올 거잖아. 범일아……. (눈물을 흘리며) 이제, 어둠 속에서 나와 범일아…….

이처럼 행동과 언어를 모두 이용한 사이코드라마는 마음·사고·언어·감각운동·근육조직·인체·생리현상 등 모든 과정을 통합하므로(김수동·이우경, 2004: 26), '7살 범일'이 고통에서 빠져나오는 행위화는 '26살 범일'을 고통스런 기억으로부터 해방될 수 있도록 해주었다. 뒤이어 아버지와의 참만남을 시도함으로써 아버지에 대한 감정을 변화시키는 것으로까지 나아갈 수 있었다.

아버지(Pt.) : 아빠도 이러고 싶어서 이러는 것 아니야. 엄마도 없고 어디가도 알아주는 사람 한 명도 없고 나도 모르게 이렇게 된 거야.

……(중략)……

아버지(Pt.) : 범일아, 어렸을 때 아빠가 미안했어. 잘 해주지도 못하고 매일 때리기만 하고 미안하다 많이. 이해해 줄 수 있을 거라 생각한다. 너는 아빠가 왜 그랬는지.

조범일의 기억에 아버지는 폭력을 행사하는 무서운 존재로 고착되어 있다. 그런데 아버지와의 역할교대를 통해 아버지와 참만남을 한다. 참만남은 '지금-여기(here & now)'상태에서 역할 교대를 통해 만나는 것이다. 역할교대를 통해 만나는 아버지와의 대화는 독립된 개체로서의 '나'와 '아버지'로서 만남이 아니라 가족이라는

'우리'로서 만나는 것이다. 조범일은 아버지와의 참만남을 통해 아버지의 참모습과 참마음을 알게 되었다. 그것은 아내와의 참만남으로까지 확장된다. 그 결과 아내가 지고 있는 삶의 무게를 나누어져야겠다는 책임감을 가지게 되었고, 종전의 장난스런 모습과 달리 진지한 태도를 취하게 되었다. 이처럼 '~되기'를 통해 나를 확장하여 '나'를 넘어 '너'와 하나가 되는 '아버지'와의 전체성 경험은 그 영역이 더욱 확장되어 '아내'와의 전체성 경험으로 자연스럽게 이어지도록 했던 것이다.

3. 최초의 온전함 회복

상처를 입으면 그 흔적이 남게 마련이다. 때론 대수롭지 않다고 여기던 상처가 상당히 큰 흔적을 남기고 있었다는 것을 알게 되기도 한다. 따라서 아프다면 그 아픔을 어루만져 주어야 하고, 상처 입었다면 그 상처를 치료해 주어야 한다. 대부분 사람들은 삶을 살아가면서, 원가족에게 입은 상처로 힘들어하는 경우가 많다. 그 상처는 상당히 해묵고 기억 너머에 있는 것이기에, 그것이 상처인지도 모르며 살아가는 사람이 많다. 오래된 상처일수록 가까운 사람에게 입은 상처일수록, 그 상처는 잘 아물지 않고 큰 흔적을 남긴다. 살면서 가장 큰 화두로 떠오르는 것이 있다면 그것은 대개 원가족으로 인한 상처인 경우가 많다. 보양을 잘 하게 되면 저절로 치유되기도 하지만, 대개 근원적인 치료가 필요한 경우가 많다.

이제까지 언급한 세 명의 디렉터에 의해 진행된 네 편의 사이코드라마 주인공도 원가족으로 부터 상처받은 사람이다. 원가족으로부터 입은 상처는 상처를 입었던 시점으로 돌아가 치료를 해주어야 한다. 그렇지 않고 '지금-여기'서 일어나는 증상을 치료하는 데 그친다면, 곪은 상처 위에 연고를 바르는 것과 마찬가지다. 곪은 상처는 뿌리부터 치료해야 한다. 고름 짜기가 아프다고 그냥 내버려두면 환부는 점차 범위를 넓혀갈 것이다. 앞서 언급한 네 명의 주인공처럼 현재 문제를 일으키는 원인을 찾아 치료한다면, 충분히 현재 상황이 개선될 수 있다.

모든 사람은 이 세상에 최초로 모습을 드러낼 때 온전한 상태였다. 그 온전함은 환경에 의해 조금씩 온전함을 잃어갔던 것뿐이다. 그렇지만 그 온전함이 사라지는 것은 아니다. 단지 색이 바랠 뿐이다. 색이 바랜 상태로 우리 몸에 저장되어 있다가 환경이 좋아지면 다시 온전함을 회복한다. 본래의 온전함을 회복하는 힘은 각자의 몸 속에 있다. 디렉터는 단지 내담자가 그리고 집단이 그것을 되찾을 수 있도록 길잡이 역할을 할 뿐이다. 이런 점에서 사이코드라마의 역할교대는, 그리고 '~되기'는 인간의 본성을 회복하는 데 아주 유용한 매체이자 도구라 할 수 있겠다.

우리는 타고난 최초의 그 모습 그대로 본성을 회복할 필요가 있다. 왜냐하면 최초의 그 모습이 가장 온전한 모습이기 때문이다. '온전하지 않다.'는 다른 의미는 '결핍되었다.' 내지 '왜곡되었다.'다. 결핍된 상태나 왜곡된 상태에서 행복한 삶을 누린다는 것은 불가능하다. 밥을 먹을 때 좀더 맛있는 음식을 고르고, 잠을 청할 때

좀더 편안한 자리를 고르듯, 좀더 나은 삶을 추구한다. 나은 삶이란 양질의 삶으로 이어지며, 양질의 삶이란 바로 행복한 삶으로 이어지는 것이다. 따라서 우리는 행복한 삶을 살기 위해 온전함을 회복해야 할 것이다.

참고문헌

1. 기본자료

SBS Plus 〈미워도 다시 한번〉, 26회, 2011.7.8.

윤일수 사이코드라마 디렉팅 사례, 2010년대 초반.

최헌진 사이코드라마 디렉팅 사례, 1990년대 중반.

2. 논문 및 저서

강원대학교 인문과학연구소 편(2011), 『인문치료의 이론과 원리』, 도서출판 산책.

김수동·이우경(2004), 『사이코드라마의 이론과 적용』, 학지사.

김정규(2009), 『게슈탈트 심리치료』, 학지사.

윤일수(2012), 「TV프로그램의 사이코드라마 방영이 시청자에게 미치는 영향」, 『한민족어문학』, 60집, 한민족어문학회, 189~242쪽.

이무석(2006), 『정신분석에로의 초대』, 도서출판 이유.

최헌진(2007), 「몸굿-제의적 사이코드라마」, 『한국사이코드라마학회지』, 10권 1호, 한국사이코드라마·소시오드라마학회, 1~11쪽.

최헌진(2005), 「사이코드라마의 과정이론-만남, 생성, 변화 창조 개념」, 『한국사이코드라마학회지』, 8권 1호, 한국사이코드라마·소시오드라마학회, 1~27쪽.

최헌진(2003), 『사이코드라마 이론과 실제』, 학지사.

Deleuze, Gilles·Guattari, Félix(1980), *Mille Plateaux: capitalisme et schizophrénie 2*, Paris: Les Éditions de Minuit.(김재인 역(2003), 『천개의 고원』, 새물결출판사.)

Hall, Calvin S·Nordby, Vernon J.(1973), *A PRIMER OF JUNGIAN PSYCHOLOGY*, arrangement with Dutton.(김형섭 역(2006), 『융 심리학 입문』, 문예출판사.)

Hoey, Bernadette(2008) *Who calls the tune?- A psychodramatic approach to child theapy*, Routledge(김세준 역(2011), 『누가 아이의 마음을 조율하는가 - 아동심리치료와 사이코드라마』, 울력).

Jones, Phil(2005), *Drama as Therapy: Theatre as Living*, Ulyuck Publishing House.(이효원 역(2005), 『드라마와 치료』, 도서출판 울력.)

Kellermann, Peter Felix & Hudgins, M. K.(2000), *Psychodrama with Trauma SurvivorsLActing Out Your Pain*, Jessica Kingsley Publishers, .(최대헌·조성희·이미옥 공역(2008), 『트라우마 생존자들과 심리극-고통에서 벗어나기 위한 행동』, 학지사.)

Sternberg, Patricia & Garcia, Antonina(1989), *SOCIODRAMA: WHO'S IN YOUR SHOES?*, Westport, Ct, USA: Greenwood Publishing Group(조성희·김광운 역(1999), 『사회극을 통한 우리들의 만남』, 학지사.)

※ 이 글은 필자의 논문 「사이코드라마의 개입과 치료효과」(『드라마연구』 37집, 2012.6.30)를 수정·보완한 것이다.

정신분석과 음악

강 경 선

음악은 현대인들이 각박한 생활에서 받는 스트레스를 해소하기 위해 사용하는 수단들 중 가장 간편한 수단이다. 시끄러운 외부 소음으로부터 단절을 위한 음악, 자신의 일상 스트레스, 불안, 걱정으로부터 탈피를 위한 위안의 음악, 백일몽을 자극하여 자신의 환상의 나래를 펼 수 있도록 하는 음악 등 음악은 개인의 정신세계에서 위안과 즐거움을 제공한다. 또한 음악은 심리적 기제가 자연스럽게 드러나는 매체이기도하다. 많은 사람들은 음악을 들으며 가사의 내용이나 음악적 분위기에 자신을 동일시(identification)하거나 음악을 통해 투사, 반동형성과 같은 무의식적 방어기제를 드러내거나 반대로 자신의 방어기제를 음악에서는 자연스럽게 풀어놓기도 한다. 이처럼 음악은 개인의 정신분석에 중요한 도구로 쓰일 수 있는 가치를 가지고 있다. 그러나 음악은 정신분석사의 초기에서 그리 환영받지 못하는 예술 장르였다. 프로이트는 소위 응용정신분석(applied psychoanalysis)의 차원에서 미술, 조각, 시, 소설 등에 관한 많은 연구를 하였으나 유독 음악에 관해서는 거의 언급하지 않았다. 19세기 후반 선택이 아닌 필수적으로 여길 만큼 음악

교육을 당연시한 유럽 유태인들의 교육 문화를 고려할 때 프로이트의 음악에 대한 부정적 태도에 많은 사람들은 의문을 제기해왔다. 프로이트의 정신분석에서 그렇듯 연구자들의 프로이트의 음악에 대한 태도를 그의 개인적 경험을 근거로 설명하려 하였다. 그 첫 번째로 동생의 피아노 소리 때문에 생긴 갈등이다. 당시 여느 유태인 가족처럼 프로이트의 집에도 피아노가 있었다. 그러나 동생 안나가 연주하는 피아노 소리 때문에 독서에 방해를 받았던 프로이트는 피아노를 처분하지 않으면 집을 나가겠다고 부모님을 협박할 정도로 자신의 동생과 심한 갈등을 경험한다. 결국 이 갈등은 프로이트의 부모가 피아노를 처분함으로서 프로이트의 승리로 끝났지만 후일 학자들은 어린시절 프로이트의 음악과 관련된 부정적 경험이 프로이트의 음악혐오에 영향을 주었다고 주장한다. 그러나 노골적으로 음악이 싫다고 선언하고 다녔던 프로이트의 음악 혐오설은 단순히 어린시절 경험만으로 제한된다고 단언할 수는 없다. 동생 안나와 관련된 음악혐오설은 과거 특히 어린시절 경험을 중요시하는 정신분석가들에게 프로이트의 성향을 부분적으로 해석해주는 단서가 되었을 뿐이다.

프로이트의 음악 혐오 이유 중 또 다른 추측으로는 그가 가장 위대한 음악가로 생각했던 바그너에 대한 애증 관계에 기인 한다는 이론이다. 유태인이던 프로이트는 반유태주의자였던 바그너의 사상과 음악을 좋아했지만 그것을 인정하고 내색할 수 없었다는 것이다. 임상심리학자이자 음악대학교수인 추마세로(Diaz de Chumaceiro)에 따르면 프로이트가 융에게 보낸 편지에 “바그너야

말로 괴테 이후 가장 성공한 시인"이라는 표현을 썼다고 한다. 그러나 시대 상황으로 인해 유태인인 프로이트가 반유태주의자인 바그너의 음악을 좋아하는 자신의 모습을 드러낼 수 없었고 이 때문에 아예 음악에 대한 언급을 극도로 자제했다는 것이 이 연구자들의 추론이다.

한편 우리는 그 이유를 보다 현실적인 곳에서 찾을 수 있다. 정신분석은 19세기 후반 프로이트 이후부터 많은 학자들에 의하여 다양한 이론들이 통합, 확대되며 발전해왔다. 그런데 음악은 정신분석에서 연구하기 난감한 예술이다. 이는 음악의 특성인 시간 예술적 속성이 때문이다. 글로 쓰인 문학작품이나 실체가 있는 미술작품의 경우 여러 번 반복 경험을 통한 분석이 가능하지만 음(tone)의 역동적 움직임에 따라 정서적 경험을 하는 음악은 반복경험이 불가능하다. 더욱이 현지 공연을 통해서만 음악을 감상할 수 있던 시대에 정신분석차원에서 논하기는 불가능했을 것이다. 또한 음악은 같은 음악이라도 연주자의 기술과 지휘자의 음악적 해석에 따라 다른 감정을 불러일으킬 수 있는 변수를 가지고 있다. 이것은 미술이나 문학작품이 작가와 수용자라는 일대일 관계인데 비해 음악은 작곡가, 연주가, 청취자의 세단계를 거치는 과정으로 수용됨으로 녹음기술이 부재했던 당시에 공연을 통해 이루지는 음악적 경험은 분석의 대상(object)이 되기 어려웠을 것이다. 음악적 경험의 분석은 녹음을 통한 임의재생이 자유로울 때에만 가능하기 때문이다.

사실 정신분석에서 음악에 관한 논의는 1950년대 이후부터 조금

씩 활기를 띠기 시작하는데 이것은 1940년대 말 LP가 등장하면서 대중적으로 녹음된 음악을 감상할 수 있기 시작한 시점과 일치한다. 정신분석에서 음악을 분석의 자료로 연구한 논문은 1900년대 초반 정신분석이 학문적 태동이 활발하던 당시 프로이트와 정신분석 모임을 같이하던 그라프라는 음악가에 의한 5개의 논문이였다. 그리고 1950년대 이후 심리학자 코허트(Kohut)의 연구를 기점으로 11여편의 논문들이 학계에 출간된다. 정신분석학의 발달 초기 음악에 관한 이렇다할 논의 거의 부재한 상황과 비교해보면 50년대 이후의 정신분석가들의 음악에 대한 관심이 많이 증가한 것을 볼 수 있다. 그러나 음악은 여전히 정신분석에서 다루기 까다로운 분야로 문학과 미술에 비하면 발표된 논문의 수가 현저히 적은 편이다.

음악치료라는 새로운 학문이 2차 대전 이후로 활성화되는 상황 역시 기술적 발전에 기인된 것으로 보인다. 녹음기술의 발달로 음악은 원한다면 언제나 재경험이 가능한 예술이 되었다.

100여 년전 사람들이 문학과 미술을 접하는 방식은 지금과 별 다름이 없다. 그러나 음악의 경우 기술의 발달과 더불어 그 어떤 예술보다 우리 삶에 가장 가깝게 접할 수 있는 분야가 되었다. 다시 말해 100 여년전 프로이트가 정신분석에서 유독 외면했던 음악은 지금 현대인들을 가장 잘 이해하고 표현해 줄 수 있는 분야가 되었다. 만약 프로이트가 현대인들이 귀에 무엇인가를 꽂고 혼자 음악을 듣고 다니는 것을 본다면 무엇이라고 말하였을까? 인간의 모든 행동과 문제의 원인을 무의식에 찾고자 했던 프로이트는 무의식적으로 음악의 홍수 속에 휩싸여 살거나 음악에 중독되어 한 시도 침묵을 견디지 못하는 현대인들을 보면서 다른 어떤 예술매체보다도 음악을 통한 정신분석을 시도했으리라는 생각은 충분히 개연성이 있는 가정이다. 우리는 여기서 정신분석에서 인간의 무의식을 해석하는 중요한 역할로서의 예술의 한 장르로서 음악의 기능을 고찰해 봄으로서 음악이 지니는 정신분석적 치료의 매체로서의 가능성을 조명해 보고자한다.

1. 정신분석과 예술

인간이 왜 예술행위를 하는가? 예술행위를 유발하는 동기의 원천은 무엇인가? 인간의 예술활동과 인간의 정서 사이에는 어떤 연관관계가 있는 것일까? 이러한 질문에 대한 철학적 고찰은 이미 고대 그리스 철학자들에서부터 시작되었다. 아리스토텔레스에 따르면 인간의 예술행위는 이성의 주의 깊은 통찰과 기술이 포함된 이성적 활동이다. 반면 플라톤에게 예술 창작은 이성적 능력이 비이성적 광기에 굴복하는 과정이며 그 힘은 신이 부여한 영감으로부터 오는 것이다. 플라톤의 주장은 19세기 유럽의 낭만주의 시인들에 의하여 재수용된다. 이들에게 "예술이란 이성적 '규칙'과 단순한 '기교'만으로 생산될 수 없는 것이며, 오히려 비이성적인 수단에 의하여 창조된다고 믿었다." 그들에게 "의식적이고 이성적인 정신은 예술창조에 부적합한 것으로 보았을 뿐더러 이성의 간섭은 오히려 예술적 창조를 위협하는 일이다". 물론, 때로는 무신론자이기도 했었던 이들 낭만주의 예술가들은 플라톤과 달리 창조의 힘이 신으로 부터 부여받은 영감에서 온다고 믿는 대신 그 힘의 원천이 인간의 내적인 힘에서 온다고 가정한다. 이는 인간을 움직이는 힘의 원천이 무의식에서 온다는 프로이트의 이론을 상기시킨다. 무의식 역시 인간의 내적 움직임이기 때문이다. 사실 19세기 정신분석의 출현의 의미 중 하나는 예술에 대한 관점이다. 프로이트가 예술 활동의 동기를 영적인 차원에서 벗어나 무의식이라는 심리적 요인으로 본 것은 신으로부터 부여받은 능력으로서, 혹은 신에 의해 주어지는 영감으로서의 전통적 뮤즈를 부정하고 예술작품을 생산해내는 원동력인 뮤즈를 인간내적인 요인에서 찾는 과정이었다.

프로이트는 예술적 행위를 '승화'의 개념으로 해석한다. 프로이트에게 '승화'란 무의식의 억압된 욕구를 사회적으로 용납된 방식으로 해소한다는 개념이다. 특히 성적 추동인 리비도는 예술적 행위의 근원적 동기이며 이 리비도 에너지의 '외형적 변환(transformation)'이 예술이다. 승화에 대한 대표적인 예로 프로이트는 레오나르도 다빈치의 경우를 분석한다. 프로이트에 따르면 다빈치는 아버지의 사랑은 받지 못한 채 어머니에 대한 비정상적인 오이디푸스적 애착을 가졌으며 어린 시절 친어머니와 헤어지면서 오이디푸스적 욕망을 충족시키지 못한 다빈치의 무의식적 경험들이 그의 글과 그림들에 산재해 있다고 주장한다. 프로이트는 특히 고전 문학작품에 대한 분석에서 작품에 내제된 작가의 오이디푸스적 소망에 주목한다. 소포클레스의 『오이디푸스 왕』 세익스피어의 『햄릿』 도스토예프스키의 『카라마조프의 형제들』 등의 예를 들어 프로이트는 이 작가들이 직, 간접적으로 동성부모 살해욕망을 작품 속에서 죄의식 없이 표현함으로써 무의식적으로 오이디푸스 콤플렉스를 표출하고 있는 것으로 분석한다.

그렇다면 예술가들은 왜 그들의 무의식적 콤플렉스를 작품을 통해 표현하는가? 그리고 이러한 예술 활동이 가져다주는 보상은 무엇인가? 프로이트는 예술가들의 창조 활동은 무의식속 성적 욕망을 충족해주어 긴장해소로 인한 쾌락을 가져다준다고 주장한다. 즉, 예술적 표현은 성적 표출과 동일한 동기와 효과를 지닌다고 말하고 있는 것이다. 좀 더 상술하면 인간의 예술 행위는 쾌락의 원리(pleasure principle)와 현실의 원리(reality principle)의 충돌에 대한 적응적 행동으로 자아(ego)가 원초적인 성적, 공격적 에너지를 포기하고 이에 따른 보상으로 그것을 환상(phantasy)의 형태로 보존하는 행위라는 것이다. 예술에 대한 그의 이러한 해석은 예술가들에 대한 신경증적 증세에 대한 분석으로 이어진다. 그는 예술가들에 대하여 다음과 같은 언급 한다.

> 환타지에서 현실로 통하게 하는 길이 있으면 그 길은 예술의 길이다. 예술가는 내향화되어 있고 신경증에 크게 벗어나 있지 않다. 그는 본능적인 욕망에 압도되어 있고 그는 명예와 힘과 부와 명성과 여성들의 사랑을 얻기를 갈망하나 이러한 만족을 얻는 방법을 모르고 있다.

프로이트는 예술가들의 신경증적 신드롬에 대한 분석을 통해 예술가가 되기 위해서는 두 가지 전제조건을 갖추어야한다고 주장한다. 첫째 어린 시절 비정상적으로 강한 욕망(오이디푸스적 애착)과 그 욕망을 충족시킬 수 없었던 경험이며 둘째는 자신의 그 내적 에너지를 사회적으로 승인된 예술창조로 승화할 수 있는 능력과 재능이다. 결국 프로이트는 인간의 예술 활동을 승화의 산물로 보면서 예술적 영감과 신경증을 구분하지 않았음을 알 수 있다. 또한 그는 나쁜 예술과 좋은 예술에 대한 구별은 두지 않았지만 위대한 작품일수록 상징화를 통해 예술가의 무의식적 욕구는 더욱 더 은폐된다고 보았다. 즉, 위대한 예술가들일수록 무의식의 성적, 공격적 충동을 고도의 상징화를 통해 표현함으로서 자아의 검열을 피해 자신의 욕구를 충족시키고 그러한 노력은 뛰어난 예술적 효과를 보인다는 것이다.

프로이트의 예술가에 대한 분석적 접근은 정신분석가들과 예술비평가들 사이에 예술이 신경증의 소산인지 아닌지에 대한 열띤 논쟁을 불러일으켰다. 이러한 논쟁에 중재를 시도한 인물은 오스트리아의 정신분석가이자 예술사가였던 크리스(Kris, E. 1900-1957)였다. 그는 예술가, 정신병을 가진 예술가, 정신병을 가지고 갑자기 그림을 그리기 시작하는 비전문 예술가 등, 세 그룹의 정신분석을 통하여 프로이트보다는 보다 유연한 '예술의 정신분석'을 제시한다. 그에게 예술가란 "이드에 압도됨 없이 이드의 내용에 쉽게 접근할 수 있는 능력과 일차과정(primary process)을 조절 할 수 있는 능력을 가진 사람"이다. 또한 예술가들의 심리적 특성은 무엇보다 무의식, 전의식, 의식의 각 단계를 빠르고 유연성 있게 움직이며 "누구보다도 손쉽게 무의식계에 출입하여 무의식을 건드리는 작업을 할 수 있는 능력을 가진 자"이다. 프로이트가 예술가들의 예술행위를 무의식의 강력한 에너지에 압도되어 나타나는 신경증의 산물 또는 전환의 어쩔 수 없는 결과로 보았다면 크리스는 이를 창조의 에너지 이드와 비판의 역할을 맡은 에고의 사이좋은 상호작용의 결과로 본 것이다. 이후 정신분석에서 예술의 해석학적 논의는 경험과 실험의 토대를 기반으로 하는 심리학을 통해 통계적으로 일반화하려는 노력으로 이어졌다. 예술가들과 비예술가들의 성격비교 분석, 예술이 인간에게 미치는 사회적, 심리적 영향, 그리고 예술을 매개로하는 치료의 효과 등에 대한 심층적인 분석 등 예술을 통해 인간의 행동과 정신을 이해하려는 다양한 시도가 이루어진 것이다.

예술은 창조자나 감상자 모두에게 환상을 펼치는 놀이터가 되어준다. 다만 어린 시절 아동들의 놀이가 놀이를 통해 자신의 욕망을 직접적으로 드러내는 것이었다면 백일몽, 환상과 같은 성인들의 놀이는 누구와도 공유하지 않는 혼자만의 은밀한 놀이이다. 예술은 인간의 환상을 미학적으로 표현한 결과물이다. 이 미학적 표현이 무의식의 부정적 에너지이건 의식과 무의식의 합작이건 분명한 것은 예술적 행위는 인간의 내적세계와 외부세계를 연결시키는 다리의 역할을 한다는 것이다.

2. 음악과 정신분석

2.1 음악가의 정신분석

창조적 음악활동을 하는 사람들의 무의식에 어떤 추동이 작용을 하는 지에 대한 연구는 흥미롭고 정신분석가들에게도 중요한 작업이었다. 음악적 영감은 어디서 오는가? 창조적 과정은 어떤 단계를 거치는가? 무엇보다도 왜 창조하는가?

문학이나 미술작품이 지각이나 시각같은 고등감각을 통해 인식되는 데 비하여 음악은 상대적으로 원시적 감각인 청각을 통해 전달되는 예술이라는 점은 중요하다. 앞서 살펴보았듯이 프로이트는 작곡가들의 음악적 영감이 무의식속의 리비도(libido)에서 오며 이 리비도의 강약, 특성에 따라 음악작품이 형성되고 무엇보다도 작곡가들의 창조에 몰두할 수 있는 것은 이 강력한 에너지의 표출방식인 '승화(sublimation)'작용 때문이다. 다시 말해, 작곡가들은 누구보다 강력한 무의식의 역동적 움직임을 표출 할 수 밖에 없는 즉, 음악을 창조할 수 밖에 없는 사람들로 프로이트는 작곡가들의 음악적 산물을 신경증의 산물과 동일시한다. 결과론적으로 음악가들을 정신적으로 나약한 존재이며 성격적 결함을 가진 사람들로 보는 이러한 주장은 그 편견적인 시선의 한계로 인해 비판을 받는다.

물론 천재 음악가들의 전기와 작품분석을 통한 연구에서 많은 작곡가들이 일생동안 우울증과 정신병으로부터 고통 받은 불행한 인물들임이 밝혀진 사실을 통해 볼 때 프로이트의 주장이 근거 없는 것이라고 단정 지어 말할 수는 없을 것이다. 역사적으로 천재적 음악가들의 정신분석은 흥미로운 주제로 빈번히 다루어졌다. 히치만은 슈베르트, 브람스, 바인가르트에 관하여, 에스만은 모차르트를, 마칼파르니와 동료들은 로시니를, 에디스와 스테르바는 베토벤과 그의 조카와의 관계를 미셸은 드뷔스와 스트라빈스키, 쇼팽, 바하 등을 틸리는 쇼팽, 차이코프스키,리스트, 바하, 핸델, 베토벤의 성격을 레이크는 말러의 인생의 사건에 대하여 정신분석적 관점에서 분석했다. 이들의 연구는 이들 천재 음악가의 주변 환경과 이러한 환경을 통해 형성된 정신적 문제와 이들의 창조적 능력이 상관관계가 있음을 조심스럽게 밝히고 있다.

이러한 상관관계 대한 연구는 일반화된 이론으로 발전하기도 했다. 1962년 콤보와 동료들은 30명의 재즈 음악가들의 성장과정과 가정환경에 대한 연구를 통해 보다 일반화된 가설을 세우게 된다. 그의 연구에 따르면 대부분 음악가들은 과보호적인 어머니와 수동적 아버지의 가정에서 성장했으며 부모 중 한명이 음악적 재능을 가지고 있었다. 또한 이들의 어린 시절은 자기표현이 제한된 환경이였으며, 타인과의 관계를 맺는 것에 어려움을 경험하였는데 특히 이성에게는 더욱 이 현상이 심했다. 성장과정상 특징으로는 연구에 참여한 모든 음악가들은 6~12세 사이에 부모의 죽음, 심각한 질병, 전혀 새로운 환경으로의 이주와 같은 극단적인 경험하였으며 청소년기에는 모두 우울증으로 고통스런 시간을 보냈다. 또한 이 연구는 음악가로서의 삶을 결정한 청소년 후기나 초기 성인기에 이들은 정서적 불균형(emotional unbalance)을 경험하였으며 이들 중 85%이상이 인생의 한 시기에 다양한 종류의 중독에 빠져 있었다고 보고했다.

주목할만한 것은 이러한 통계적 연구결과가 과거 분석가들의 음악가 개인에 대한 심층적 연구의 결과와 많은 부분 유사하다는 것이다. 즉, 음악가들의 성장기 어린 시절 부모를 포함한 외부적 환경이 정서와 성격형성에 중요한 영향을 미친다는 사실이다. 특히 초기 정신분석가들의 보고에서 처럼 음악가들은 자신의 어린 시절 삶에서 부정적 경험으로 응축된 심리적 에너지를 음악으로 승화한다는 공통분모를 볼 수 있다. 여기서 우리는 음악가들이 왜 꼭 음악활동을 해야만 하는가에 대한 정신분석적 차원의 해답을 예상할 수 있다. 음악가들을 음악에 몰두하게끔 하는 힘의 원천은 무의식적 동기(unconscious motivation) 이다. 그리고 그 무의식적 동기 속의 과거 경험의 기억, 욕망, 충동 등이 응축(condensation), 중충결정(overdetermination), 전치(displacement)와 같은 무의식의 과정을 걸쳐 음악적 구조와 형식이라는 틀로 자유로운 환상의 지평을 여는 청각자극이 된다. 이것은 프로이트의 꿈의 분석과 유사하다. 음악의 이론적 분석은 꿈의 분석처럼 표면에 나타난 상징 또는 모습 뒤에 숨어있는 내용의 분석을 목적으로 하는 공통점을 가지고 있다. 다시 말해 꿈의 분석에서 꿈에 나타난 상징, 이미지, 이야기들이 꿈을 꾼 사람의 일상적인 경험, 무의식의 기억 프로이트가 꿈을 무의식으로 가는 중요한길로 본 것처럼 음악가들의 작품은 그들의 어린 시절 삶의 역동과 창조 당시의 작곡자의 무의식을 들려주는 청각 정보가 되는 것이다.

2.2. 음악은 현실도피인가?

과거 인간의 음악활동은 집단 내에서 종교의식과 같은 다양한 행사에서 함께하는 활동으로 집단의 유대감과 응집력을 강화시켜 주는 사회적 기능이 강했다. 그러나 녹음 기술의 발달과 함께 현대 사회에서 음악은 점점 외부 세계로부터 자신을 고립시켜 자신만의 정신적'쉼터' '놀이터'와 같은 역할을 하고 있다. 음악은 21세기에도 다양한 사회적, 종교적, 상업적 목적으로 사용되고 있으나 100년 전과 비교하여 가장 두드러진 변화는 우리는 공연장을 가지 않고도 원한다면 자신만의 음악공간을 가질 수 있다는 것이다. 넘쳐 나는 음악의 홍수 속에서 우리는 자신의 목적에 부합하는 음악을 선택적으로 즐긴다. 이러한 시대적, 환경적 변화는 과거 음악이 민족 또는 집단을 이해하는 도구였다면 현대사회에서 음악은 개인을 이해하는 창구가 되지 않을까 생각된다. 표면적으로 우리는 즐거움을 위하여 지루함을 달래기 위하여 음악을 찾는다. 그렇다면 음악을 찾는 우리의 이면에는 무엇이 있을까? 정신분석적 관점에서 음악은 인간의 심리에 어떠한 역할을 하며 이 역할이 주는 의미는 무엇인가 찾아보고자 한다.

2.2.1. 퇴행으로의 음악

프로이트의 유아기 성 발달이론은 정신분석의 초석을 이루는 이론으로 인간의 문제와 행동을 유아기의 발달단계에서 찾으려 한다. 그것은 기본적으로 인간은 누구도 특정 발달 단계의 고착, 또는 집착으로부터 자유로울 순 없으며 인간의 초기 발달 시절의 과거는 성인의 현재의 삶에 끊임없이 영향을 주는 주된 원인으로 이해된다. 예를 들어 구강기의 고착은 성인이 되어서도 흡연, 연필물기, 섭식장애, 약물중독과 같은 행동으로 나타난다. 즉, 인간은 정서적으로 완벽한 성숙을 이루지 못하는 불완전한 존재로 궁극적으로는 유아기시절의 완벽한 만족과 소통의 경험의 과거로 퇴행을 원한다. 이러한 퇴행욕구는 인간이 신체적으로 정신적으로 나약한 상태일 때 더욱 두드러지게 나타나며 이 모든 것은 무의식의 조정을 받는 상태가 된다. 여기서 주목할 것은 음악이 인간의 퇴행의 욕구를 충족시켜주는 역할을 한다는 것이다.

음악이 가지는 고유의 속성이 소리의 질서있는 표현을 통한 소통이라는 관점에서 보았을 때 그 원형은 최초의 인간관계인 유아와 어머니와 사이에서 소통일 것이다. 태내부터 모든 것을 소리에 의존하는 유아는 어머니가 표현하는 목소리를 통해 안정감과 사랑을 느끼며 이를 통해 세상에 대한 불안감에서 벗어날 수 있다. 또한 유아에게 목소리는 능동적으로 사용할 수 있는 유일한 도구로 어머니와의 소통을 통해 자신의 생리적 욕구를 충족시킬 수 있다. 정신분석적 이론에서 보았을 때 자기 표현적 소리 만들기는 음악의 원형으로의 초기 유아기와 관련된 비언어적(non-verbal) 또는 전언어적(pre-verbal) 소통의 형태이자 잃어버린 구강기 시절 파라다이스로의 갈망이다. 분석가들은 이러한 현상의 증거로 음악 중독을 든다. 항상 음악과 함께 하여야만 안정이 되고 음악이 없이는 무엇인가 빠진 것처럼 느껴 허전해하거나 심지어 불안한 증상까지 나타내는 사람들의 경우 유아기 엄마와 아기의 정서적 소통의 단계로 퇴행을 원하는 것으로 해석한다. 다시 말해 음악은 여기서 발달 초기 애착 대상으로 부재시 불안을 일으키는 요인이 된다.

음악중독은 우리사회에서 흔하게 볼 수 있는 현상이다. 다만 중독이 주는 부정적인 의미인 역기능적 사회인으로서의 의미보다는 몰입, 선호, 애착과 같은 적응적 의미를 갖는다. 지하철이나 버스, 그리고 거리를 걸으면서 많은 사람들은 이어폰을 통해 전달되는 음악 안에서 자신만의 세상에서 머물러 있기를 원한다. 이것은 단순히 외부 소음으로 부터의 단절일 수 도 있지만 많은 사람들은 음악을 들으면서 백일몽(daydreaming)과 같은 환상을 펼친다. 음악은 우리를 시간과 공간을 초월한 또 다른 세계로 인도하고 우리는 이 안에서 혼자만의 놀이에 빠진다. 이것은 음악을 통한 나와의 소통 또는 나의 무의식과의 소통인 것이다. 즉 억압된 감정, 소망, 꿈들, 기억을 펼치는 놀이 공간이다. 무엇이든 가능한 이 혼자만의 놀이를 누군가는 깨어있는 내내 끊임없이 요구하고 누군가는 적당한 삶의 윤활유로 여유로운 시간에 즐긴다. 그 차이는 아마 음악이 주는 현실 단절의 효과를 얼마나 요구하느냐 일 것이다. 음악에의 몰입은 의식의 세계에서 보았을 때 현실로부터 탈피하는 즐거운 경험이다. 그리고 이 탈피의 은신처인 음악은 다양한 경험을 촉진하여 자기와의 소통을 이루게 한다. 이것은 성인에게는 놀이로의 귀환이라는 퇴행의 의미를 함축한다.

정신분석적 관점에서 보았을 때 음악은 어머니가 유아에게 가져다주는 안정과 정서적 유대감의 또 다른 모습이다. 즉 욕망을 충족시켜주는 어머니와 같은 대상으로 볼 수 있는 것이다. 물론 이러한 정신분석적 해석에 대하여 과장된 해석이라는 논의는 항상 있어왔다. 그러나 부인할 수 없는 것은 인간이 경험하는 최초의 음악적 경험은 소통이 주는 안정과 쾌락이다. 그리고 이 안정과 쾌락은 무의식의 깊은 수면에서도 끊임없이 갈망하며 인간의 행동을 조정한다. 그렇다면 음악의 어떤 작용이 우리를 현실로부터 도피시키고 우리는 왜 그것을 원하는 것일까?

2.2.2. 인간의 정신세계에서 음악의 기능

우리가 음악을 찾는 이유 중 하나는 음악이 주는 특별한 정서적 경험 때문이다. 음악을 듣고 있는지 의식이 되지 않을 정도로 마음을 편안히 해주는 경험에서부터 몰입을 통한 무아지경 절정체험까지 음악은 개인이 느끼는 강도에 따라 다양한 정서적 경험을 가져다준다. 이러한 다양한 음악적 경험은 의식적으로 추구되기도 하고 우연하게 이루어지기도 한다. 빠른 반복적 기계음의 테크노 음악을 선택하여 음악이 주는 자극에 즐거움을 누리거나 우연히 방문한 성당의 오르간 소리에 형언할 수 없는 전율과 함께 영적 신비감을 경험하기도 한다. 음악은 소리의 조직화라는 규칙을 통해 시간의 흐름 안에서 우리의 의식세계에 들어와 또 다른 세계와의 접촉을 용이하게 한다. 혹자는 이러한 음악의 효과를 음악이 우리의 무의식과의 만남을 열어준다고 한다. 그 만남이 프로이트의 주장처럼 본능의 에너지의 분출구인지 아니면 융의 주장처럼 창조적 에너지의 발산인지 그 원천은 명확하지 않지만 공통점은 음악이 또 다른 세계와의 길을 이어주는 매개체가 된다는 사실이다. 여기서 또 다른 세계는 황홀경(ecstacy), 고도각성(high arousal), 대양감(oceanic feeling)과 같은 느낌을 주는 세계로 표현된다.

음악을 통한 강력한 정서적 경험은 고도의 각성과 황홀경 상태로 이르게 하여 생리적 증상을 동반하는 극도의 흥분상태로 이르게 한다. 감동적인 음악을 경험하는 동안 흥분하였다가 음악의 종료와 함께 긴장이 이완되는 과정을 프로이트는 성행위와 비교하여 설명한다. 성관계에서 흥분상태와 오르가즘 후 완벽한 긴장이완의 상태가 음악경험의 과정과 같다는 설명이다. 이미 여러 번 언급한 것처럼 프로이트는 음악이 주는 강력한 정서적 경험을 성과 결부하여 설명했다. 그는 인간이 끊임없이 완벽한 긴장이완의 상태로의 회기욕구를 지니며 이 상태의 원형은 어머니를 통해 모든 생리적 욕구가 충족되는 유아기 시절이라고 주장한다. 즉 프로이트에게 음악이 주는 감동과 흥분 그리고 미적 체험은 성이라는 하나의 일관된 본능 에너지의 각기 다른 모습인 것이다. 음악가의 창조행위는 본능 에너지의 미적 승화이며 음악경험에 오는 흥분과 감동은 성적경험 자체라는 해석이다. 여기서 리비도라는 성적 에너지는 쾌락의 원칙만을 추구하는 유아기 시절로의 퇴행을 통한 현실도피인 것이다. 사실 그의 음악과 관련된 현실도피적 해석은 프로이트 이전 쇼펜하우어에 의해 논의 되었다.

쇼펜하우어는 그의 철학의 핵심 개념인 의지(will)를 인간을 괴롭히는 욕망이 끊임없이 분출되는 원천이라 하면서 이러한 고통으로부터 해방되는 유일한 길은 의지의 거부이며 이 의지의 거부상태와 예술의 미적체험은 유사한 것이라고 말한다. 그는 세상은 외형적인 현상일 뿐이며 이러한 표상의 세계 이면에 본질적인 세계가 존재하는데 이것이 〈의지will〉라고 보았다. 여기서 주목할 점은 쇼펜하우어가 말하는 의지는 맹목적이고 비이성적이며 동시에 생명의 원리, 생명의 에너지라는 점이다. 이것은 언듯 프로이트의 무의식과 유사한 개념으로 들린다. 그러나 프로이트가 무의식의 본능 에너지가 예술이라는 아름다운 옷을 입고 승화로서 표출된다는 주장과는 달리 쇼펜하우어는 의지로부터의 거부, 즉 어떠한 현실 또는 에너지로 부터의 단절의 상태가 미적체험을 준다는 것이다. 다시 말해, 쇼펜하우어의 관점에서 음악은 참담한 현실에서 일시적으로 나마 자유로워질 수 있는 탈출구를 제공하는 장치다. 쇼펜하우어는 내적 고통을 가장 직접적으로 표현하는 예술로 음악을 들고 있는 것이다. 그러나 쇼펜하우어에게 음악이 제공하는 즐거움은 근본적인 의지의 극복이기보다는 일시적인 도피다.

프로이트와 쇼펜하우어의 음악에 대한 가치 평가는 서로 상반되지만 이들은 음악이 현실과 반대되는 또 다른 세계를 찾아가는 경험을 제공한다는 점에서 공통점을 갖고 있다. 음악이 제공하는 미적 경험은 현실의 고통에서 벗어나 흥분과 황홀경에 이르게 하고 이는 분명 현실의 삶에 즐거움을 주는 탈출행위인 것이다.

음악에 의한 고도 각성과 황홀경은 분명 고통스런 세상으로부터 탈출하는 즐거운 경험일 것이다. 그러나 음악의 영향은 이 단순한 쾌락을 넘는다. 음악을 통해 우리는 고도각성과 흥분의 상태를 넘어 완전한 마음의 평정 상태에 이르러 자신과 세계가 일치되는 듯한 경험을 하기도 한다. 주로 종교적 경험에서 나타나는 경험으로 마치 신과 하나가 되는 듯한 신비로운 느낌을 의미하는 단어로 '대양감(oceanic feeling)이라 명명된 현상이다. 대양감(oceanic feeling)이란 단어는 프로이트의 친구 롤란드가 프로이트의 저서 『환상의 미래, The Future of an Illusion』를 읽고 프로이트의 종교에 대한 공격에 대하여 불만을 드러내는 내용의 편지 중 사용된 용어이다. 롤란드는 대양감에 대하여 어떠한 제한이나 한계가 없이 진정한 대양과 같은 종교적 체험에 대한 느낌을 설명하였으나 프로이트는 인간의 대양감에 대하여 유아가 어머니의 젖가슴에서 분리되지 않은 경계 없는 유아기시절로의 완벽한 퇴행의 상태로 해석한다. 이것은 음악에서 절정체험(peak experience)을 통한 의식의 변성상태(altered state of consciousness)로의 과정으로 음악과 자아가 정서적으로 완벽하게 하나로 일치되는 느낌을 말한다. 연주자는 내가 음악을 연주하는지 음악이 나를 연주하는지에 대한 구분이 할 수 없으며 감상자는 음악이 나인지 내가 음악인지 알 수 없는 상태이다. 정신분석가 코허트는 음악을 통한 이러한 경험을 엄마와 하나였던 시절로의 완벽한 퇴행경험과 같은 선상의 즐거움으로 설명한다. 그러나 음악을 통해 경험하는 대양감이 프로이트의 주장처럼 단순히 궁극적인 쾌락의 추구로만 끝나는 것은 아니다. 음악에서 대양감은 음악의 흐름과 함께 점진적인 감정의 고조를 통해 절정체험이라는 경험을 넘어 나타나는 현상이다. 이 과정에서 경험하는 대양감은 개인의 자신의 쾌락의 자아만을 만나는 것이 아니라 아직까지 발견되지 않는 또 다른 자아와의 조우를 이룬다. 이것은 융의 주장처럼 무의식의 어두운 그림자가 아닌 엄청난 능력의 무의식의 잠재력을 일깨우는 작용을 의미한다. 다시 말해 음악을 통해 경험하는 대양감은 그 자체가 치료적인 경험으로 무의식의 쾌락과 만나고 잠재력을 발견하는 계기가 된다.

3. 정신분석치료의 자료로서의 음악

음악치료에서 정신분석이론은 음악을 통한 무의식의 탐색을 설명하는 기초적 이론으로 인식되어왔다. 그렇다면 음악치료에서 정신분석적 이론의 응용 해석적 관점이 아닌 정신분석에서 치료의 자료로서 음악의 역할과 효과는 어떤 것이 있는가?

3.1. 음악과 인간발달

분석치료에서 과거 회상은 현재의 문제의 실마리를 찾는 중요한 작업이다. 인간발달과정에서 어느 시점에 누구와, 어떠한 인간관계를 맺었는가가 현재의 자신을 형성하는 핵심요인으로 작용한다고 생각하기 때문이다. 그러나 치료과정에서 이러한 회상 또는 무의식의 의식화 작업은 많은 시간과 노력을 요구한다. 대부분의 정신분석치료는 내담자가 치료에 대한 충분한 동기부여가 되어있지 않는 한 인내심을 갖고 눈에 보이지 않는 무의식, 기억나지 않는, 혹은 기억하고 싶지 않은 과거로의 회기라는 어렵고 지루한 작업이다. 예술은 이러한 분석 작업에 지루함을 덜고 간접적인 방법으로 그리고 방어기제의 작동을 억제하면서 무의식을 표면화 하는 매개체의 역할을 할 수 있다. 이미 앞에서 언급 한 것처럼 예술은 무의식에서 의식으로 건너오는 과정에서 자아의 검열을 피하기 위해 치장한 본능적 에너지로 내적세계와 외부세계를 연결하는 다리다. 유아기 시절 본능적 욕구를 표현하는 울음, 옹알이에서 커가면서 현실세계의 원리를 익히고 음악은 점점 개인의 무의식과 의식을 연결하는 굳건한 다리가 되어 간다.

음악은 인간발달의 전 과정에 개입된다. 태교음악에서 장송곡까지 음악은 인생의 시작과 마감까지 삶의 모든 과정에 함께하는 의식이자, 발달에 따른 변화의 표상이며, 개인의 사회.문화적 위상의 상징이기도 하다. 인간발달 과정에서 음악의 이러한 특징은 정신분석의 자료로 인간발달 초기부터 후기까지 모든 과정을 다룰 수 있도록 가능하게 한다.

에릭슨은 인간의 발달이 성 또는 인지발달처럼 신체적, 인지적 성숙이 완성되는 특정 시점에서 끝나는 것이 아니라 전 생애에 걸쳐 이루어진다고 보았다. 이러한 에릭슨의 인간발달 8단계는 음악적 발달의 관점에서 보아도 매우 흥미롭다. 태내기에 인간은 엄마의 자궁 속에서 리듬의 규칙성이 주는 안정감과 접하게 되며 성장과 함께 다양한 소리에 노출된다. 이때 우리는 흔히 태교음악이라는 이름으로 태아발달을 위한 좋은 소리를 찾는다. 이는 동서양을 막론하고 고대부터 존재해온 태교 중에 하나이다. 이때의 소리에 대한 경험은 태어난 후에도 기억된다는 연구에서 볼 수 있듯이 태내에서의 음악적 경험은 발달과 암묵적 기억의 시작이 된다. 출생 후 영아는 전적으로 어머니에게 의지하며 어머니와 목소리를 통해 소통한다. 프로이트는 인간은 일생에 걸쳐 이 시기에로의 퇴행을 원한다고 했을 정도로 어머니와의 친밀감과 소통은 완벽한 만족과 쾌락의 상징이다. 이 시기 목소리를 통한 아기의 자기 표현은 소통의 갈망이며 어머니의 목소리와 자장가와 같은 소리는 정서적 교감의 표시이다. 다음 단계인 유아기 2-6세에서 인간은 자신이 처한 음악 문화 환경에서 음악에 대한 스키마를 형성한다. 즉 음악의 즐겁고 슬픈 느낌, 시작과 종결의 구성에 대한 음악적 문법이 형성된다. 아동기에 이르러 음악은 서서히 집단의 사회성과 관련을 갖는다. 또래 집단과의 교류하고 학교와 같은 소속 집단에서 음악을 통해 정서적 유대감을 쌓는다. 청소년기에 들어오면서 음악적 취향이 뚜렷해지는 극적 변화를 나타난다. 청소년기에는 음악을 통한 동일시, 투사와 같은 정신기제가 동원되며 동시에 또래집단과의 집단 정체성을 형성하는 중요한 매개체로서의 음악을 발견하게 된다. 청소년들 사이에 선호 음악과 좋아하는 가수를 통한 공감대는 소위 뱃지효과(badge effect)라 불리며 음악을 통해 자신의 취향과 정서가 비슷한 집단을 형성한다. 그리고 그 안에서 활발한 교류와 집단행동이 이루어 진다. 이들이 음악 산업에서 가장 적극적인 소비자 집단이 되는 이유는 그래서 우연이 아니다. 그러나 이후 청년기부터 음악에 대한 적극성은 점차 줄어들기 시작한다. 사회생활, 가족부양 등의 의무로 인해 자연스럽게 새로운 음악에 대한 탐구와 적극적인 소비로부터 멀어지게 된다. 사회적으로 안정된 중년기에는 다시 음악의 적극적 소비자이기를 자청하나 이때부터의 음악은 새로운 자극의 탐구 세계가 아닌 젊은 시절의 회상의 도구일 뿐이다. 이러한 성향은 중년기 후반까지 계속된다. 중년기 후기까지의 음악은 한마디로 과거회상의 도구라고 볼 수 있다. 이는 중년기 이후의 사람들의 음악 선호도 조사에서 더욱 뚜렷이 나타난다. 연구에 따르면 노년기 음악 선호도 연구 결과 이들의 주 선호 음악은 10대 후반에서 20대 후반까지 젊은 시절 즐기던 음악으로 나타난다. 이처럼 인간은 발달시기별로 음악에 대한 취향과 태도에서 많은 변화를 보인다.

3.2. 음악을 통한 정신분석

인간의 무의식에 갇혀있는 기억의 조각들을 꺼내와 의식화 시키는 과정은 정신분석 치료의 핵심 작업이다. 인간의 기억은 의식에서 언제든지 꺼내올 수 있는 외현적 기억과 정서적 경험을 통해 각인된 암묵적 기억으로 나뉜다. 여기서 암묵적 기억은 우리의 의식적 기억 속에서 배재되어 무의식에 갇혀있지만 언제든지 뛰쳐나와 우리의 정서와 행동을 조종하는 전형적인 무의식의 자료이다. 정서적 경험을 동반한 음악적 기억은 외현적 기억에서 배재되었다 할지라도 무의식에 암묵적 기억으로 자리 잡는다. 음악이 암묵적 기억에 작용한다는 사례는 음악 노출 빈도와 선호도와의 상관관계 연구에서 증명되었다. 단기 기억 상실증 환자와 치매 환자들을 대상으로 새로운 음악을 들려주고 그 음악에 대한 선호도를 조사한 결과 음악에 대한 기억이 전혀 없음에도 불구하고 해당 음악에 노출 빈도가 높아질수록 음악 선호도가 높아진다는 사실이 발견되었다. 이러한 연구 결과들은 음악의 정서적 기억은 우리의 무의식에 암묵적 기억으로 작용한다는 것을 말해 주고 있다. 즉, 몸의 기억으로 반응하는 것이다.

지금까지 살펴본 것처럼 음악과 인간발달의 상호관련성을 고려할 때 정신분석과정에서 음악은 과거 퇴행의 촉매로서의 역할을 할 수 있다. 무엇보다 음악의 감정을 동반한 암묵적 기억의 요소는 전언어적(preverbal)의 시기로 퇴행을 가능하게 한다. 의식적 기억 속에 유아기 시절의 경험은 사라졌지만 음악을 통한 암묵적 기억은 당시의 기억을 무의식에서 꺼내온다. 이것은 음악이 감정을 동반하는 경험으로 다른 어떠한 자극보다 강하게 우리의 마음에 각인되기 때문이다. 성악을 이용한 분석적 음악치료사 오스틴(Austin)은 성인 음악심리치료에서 가창(vocalization)를 이용하여 내담자에게 영·유아기로 퇴행을 유도하고 퇴행의 상태에서 치료사와의 관계를 통한 교정적 재경험을 하게 함으로서 내담자를 치료한다. 여기서 치료사의 목소리는 위니코트의 이론에서 처럼 충분히 좋은 엄마(good enough mother)로서 역할을 수행하며 내담자는 음악적 환경에서 내면의 어린 아이를 맘껏 표현하고 자신의 요구를 말한다. 즉 치료과정에서 근원적 문제의 해결을 위한 퇴행을 음악을 통해 이루고 음악을 통해 해결하는 것이다.

전언적(preverbal) 시점으로의 퇴행과 더불어 음악의 비언어적(non-verbal) 표현은 정신분석에서 소리의 상징화를 통한 무의식의 표현이다. 인간은 무의식속에 언어로 표현하기에 힘든 에너지를 음악이 가지는 형식, 리듬, 멜로디, 화성, 음색과 같은 요소들을 이용하여 표현함으로서 또는 이러한 요소들을 감상을 통해 경험함으로서 단절된 내적세계와 외적세계를 연결할 수 있다. 다시 말해 자유연상이나 꿈의 분석은 상징의 불명확한 언어적 해석이라면 음악은 추상적이지만 명확한 내적 에너지의 발산인 셈이다. 결국 음악은 정신분석치료에서 내담자에게 자연스럽게 특정 시점을 돌아보게 함으로써 특정 시점의 감정을 재경험하게 할 수 있는 유익하고 효과적인 수단이다.

음악은 관련된 특정 시간과 공간으로 퇴행하여 음악의 세계에서 자신의 과거를 재경험하게 한다. 삶의 과정에서 특정 음악과 관련된 사건, 사람, 감정, 느낌, 생각은 음악을 통해 자연스럽게 연상되며 경험된다. 이것은 치료과정에서 음악만이 지닐 수 있는 접근의 용의성(assessability)이다. 이러한 접근의 용이성 덕분에 음악치료에서는 언어 중심의 심리치료에서보다 경제적으로 내담자의 배경과 이와 관련된 심리상태를 사정평가 할 수 있다. 즉 자연스런 과거회상, 연상, 사건, 감정 등을 직접적인 자신의 경험으로 드러내기 보다는 음악이라는 미학적인 가면을 통해 드러냄으로서 내담자의 의식적 부담감을 감소시켜줄 수 있다.

음악은 의식적 기억을 강화시키는 중요한 회상의 도구이자 의식에서 배재 된체 무의식에 갇힌 기억까지 암묵적으로 다룬다. 이것은 과거로의 퇴행이 치료의 필수적 과제인 정신분석 치료에서 음악과 정신분석이 만남이 효율적일 수 있음을 상정한다. 퇴행작용을 통해 내적, 무의식적 세계를 외적, 미학적으로 발산하는 과정을 통해 음악은 정신분석에서 개인의 문제를 치료하는데 중추적 역할을 할 수 있다는 점을 시사한다. 음악은 감정을 자극하고 감정은 기억과 연결된다. 따라서 인간발달과정에서 경험한 사건과 감정에 연계된 음악은 정신분석의 자료로서 충분한 가치를 지닌다.

100여년에 정신분석에서 외면 받았던 음악은 현재 어떤 예술보다 인간을 이해하는 창구로 활발하게 연구, 이용되고 있다. 광고, 의식(ritual), 영화음악과 같은 기능적 음악의 연구를 통해 인간 감정과 행동을 조정하기 위하여 사용되기도 하며 개인의 성격과 사회적 위치, 교육, 경제적 여건 등을 가늠하는 기준으로 이용되기도 한다. 무엇보다도 2차 세계대전이후 새로운 학문으로 부각한 음악치료는 인간의 행동, 감정, 생각을 음악적 활동을 통해 변화시키는 치료 모델로 발전하고 있다. 이제 음악은 정신분석의 도구로 고려될 필요가 있다. 음악이 특정장소에서 특정한 시간에 경험할 수 있는 일회적 예술이었던 시절 정신분석에서 음악은 일부 천재 음악가들의 삶과 예술을 분석하는 데만 활용되었다. 그러나 현대사회에서 음악은 특별한 선택이 아닌 삶의 일부가 되었다. 과거 정신분석이 제기했던 문제인 음악을 '왜 하는가'라는 의문에서 이제 음악은 개인에게 '어떤 의미인가'라는 질문으로 바뀌어야 할 때다. 음악은 개인의 정신분석의 자료로서 외현적 기억속에 존재하는 과거와의 연결뿐만 아니라 암묵적 기억속의 전언어적, 비언어적 경험을 재경험하게 해주는 요소다. 인간발달 과정에서 음악에 대한 태도는 중요한 전환기를 맞을 때마다 달라진다. 절대적인 어머니와의 소통에서 시작한 음악은 일반적으로 성인 전반기에 이르러 그 계속적이고 급격한 변화를 마감한다. 이후 음악은 나의 과거를 말해 주는 현재의 나이다. 이것이 정신분석에서 분석의 도구로써 음악의 가치이다.

물론 정신분석에서 음악은 여전히 분석의 도구로 쓰기에 편한 예술매체는 아니다. 가장 큰 이유는 음악이라는 전문 영역에 대한 부담감이다. 반면 음악치료에서 정신분석의 이론은 음악을 통해 나타난 개인의 내적 세계와 무의식을 분석하고 해석하는 반드시 필요한 이론으로 받아들여진다. 앞으로 정신분석과 음악의 접점을 찾는 후속 연구를 통해 정신분석의 자료로써 그리고 치료의 도구로써 음악의 연구가 이루어지길 바란다.

참고문헌

김혜남. 박광식, 1996. 정신분석과 예술. 『임상예술논문집』, 12, 77-100.

조두영, 1999. 음악과 정신분석.『정신분석』, 10, 67-68.

이모영, 2000. 예술에 대한 심리학적 접근의 비판적 고찰.『미학. 예술학 연구』, 11, 162-194

오희숙, 2009. 『음악속의 철학』. 서울 : 심설당,

Ellen Winner, 『Invented World The Psychology of the Arts』(이모영. 이제준 역 『예술심리학』학지사, 2004), p.31.

Pinchas Noy, 1967. The psychodynamic meaning of music, Journal of music therapy, 4(1), 7-23.

Cambor, G. C., Lisowitcz, M. & Miller, D. 1962. Creative Jazz Musicians: A Clinical Study, Psychiatry, 25, 1-17.

Andrea M Cevasco, Kimberly VanWeelden, 2010. An Analysis of Songbook Series for Older Adult Populations, Music Therapy Perspectives, 28(1),37-78

Alan Waker, 1979. Music and the unconscious. British Medical Journal, pp.1641-1643

Daniel J. Levitin, *This is your brain on music* (New York: A Plume Book, 2006), pp. 247-269.

D. Autisin. *The Theory and Practice of Vocal Psychotherapy: Songs of the Self*, (London: Jessica Kingsley 2008

D.K. Jamse, C.J. Spencer & B.W. Stepsis. "Fetal Learning: a prospective randomized controlled study" Ultrasound obstet Gynecol. No.20 (2002), pp. 431-438

S. Chikahisa , H. Sei, M. Morishima, A. Sano, K. Kitaoka, Y. Nakaya & Y. Morita. "Exposure to music in the perinatal period enhances learning performance and alters BDNF/TrkB signaling in mice as adults" Behavioural Brain Research, No.169 (2006), pp. 312--319

※ 이 글은 필자의 논문 「음악과 정신분석」(강원대 인문과학연구소) 『인문과학연구』 제29집, 2011. 6)을 수정·보완한 것이다.

영화를 통해 본 자기애
「오프닝 나이트 Opening Night」를 중심으로

윤 학 로, 정 락 길

1. 들어가며

『나르시시즘의 문화』의 저자 크리스토퍼 라쉬(Christopher Lasch)는 현대 미국 사회를 자기애라는 키워드로 설명하고 있다. 2차 세계 대전의 종전이후 점차적으로 증가하는 중산층, 그리고 베트남전을 둘러싼 반전운동의 회오리를 거쳐 미국은 소비자본주의 사회의 정점에 이르게 되었고 이러한 사회를 지탱하는 상징적 이데올로기는 개인주의적 자기애라는 것이다. 자기애적 개인들에 대해 라쉬는 순간을 위해 살고 전통이 상실되었으며 이리저리 떠돌고 오직 자신의 자존감을 확인하기 위해 타인을 필요로 한다고 묘사하고 있다. 그리고 소비자본주의에서의 대표적 매체인 광고는 끊임없이 상품의 유혹을 전시하면서 사회의 개인들을 끊임없는 욕망의 신기루 속에 들뜨게 하며 조금의 지루함과 권태조차도 견뎌내지 못하고 불안해하는 자기애적 쾌락주의를 공공연히 조장하고 있다고 비판한다. 현대사회를 이러한 자기애라는 키워드로 바라보고 있는 사람은 비단 라쉬만이 아니다. 홍준기는 슬라보예 지젝 역시 현대 사회의 문화의 모습을 자기애라는 키워드로 바라보고 있음을 주목하고 있다. 지젝의『불안정한 주체』라는 저작에서 포스트 모던의 시대는 아버지의 몰락의 시대, 즉 탈 오이디푸스의 시대이며 전통적인 권위로부터 해방된 자율적 주체, 다원주의, 다양한 정체성을 가진 주체의 시대, 즉 나르시시즘적 인격의 시대로 특징지어진다.(홍준기, p. 197.)

라쉬의 논의는 초자아와의 갈등(오이디푸스 콤플렉스)에 놓여 있고 끊임없이 죄의식에 시달리는 인간이라는 고전적 정신분석학의 인간형과 달리 현대의 인간을 '휴식하지 못하고 끊임없이 뭔가를 갈망하는 상태에서 살아가는' 불안의 인간형으로 기술하고 있다. 반면 지젝은 현대적 인간의 자기애가 상징적 아버지의 부재 속에서 상상적 이상의 초자아(超自我)가 강화된 특징을 지니며 이러한 초자아의 강화에서 사회적 현상은 과도한 향락적 행위가 병리적인 죄책감을 유발하고 있다고 설명하고 있다. 현대사회를 자기애라는 키워드로 해석하는 두 사람의 입장은 전자가 하인즈 코헛(Heinz Kohut)의 자기 심리학에 기반해 자기애의 문제를 풀어간다면 후자는 라깡(Jacques Lacan)의 정신분석학으로부터 출발하고 있다는 점에서 해석적 차이가 존재하지만 현대인간이 놓여 있는 향락적 자기애의 현상에 대해 공통된 전망을 내놓고 있다는 점에서 흥미롭다.

라쉬와 지젝의 주장처럼 개인주의적 병폐의 극단으로 치닫고 있는 현대소비 자본주의 사회의 모습은 병리적 자기애의 징후들을 곳곳에서 드러내고 있음은 부인할 수 없는 사실이다. 하지만 병리적인 의미에서의 자기애와 인간의 본원적인 얼굴의 모습으로 검토될 수 있는 자기애를 혼동한 채 전자의 입장에서 사회 전반을 바라보는 방식에는 납득하기 어려운 점이 존재한다. 그 이유는 무엇보다도 라쉬와 지젝의 자기애에 대한 논의는 사회체계라는 거시적 수준과 개인이라는 미시적 층위의 차이를 혼동하여 인간 일반의 자기애를 환원주의적 태도로 진단하면서 자기애가 제기하는 복합적인 문제를 단순화할 가능성이 존재하기 때문이다.

인문치료는 인문학적 성찰을 중심으로 현대 사회의 소통 부재와 마음의 고통을 치유적 관점에서 모색하고 있다. 그런데 마음, 정신, 정서 등이 제기하는 복잡하고 다양한 문제들의 이론적 해명과 실천적 작업들은 여전히 많은 고민과 노력이 필요한 상황이다. 이 글은 급작스럽게 찾아오는 현대인의 불안, 삶의 뿌리 없음 이라는 징후들로 나타나는 현상들을 자기애라는 문제성 하에서 성찰하고자 한다. 사실 자기애의 문제는 서양의 개인주의적 세계관의 등장과 함께 지속적으로 제기된 문제이다. 예를 들면 허먼 멜빌의 소설 『모비딕』과 오손 웰즈의 영화 「시민 케인」과 같은 작품들을 들 수 있을 것이다. 소설 『모비딕』의 선장 에이브해처럼 거대한 고래 모비딕으로 상징되는 거대 자기에 대한 끊일 줄 모르는 욕망, 그리고 「시민 케인」의 주인공 케인처럼 자기 자신의 투영으로서의 성공에 대한 욕망, 그리고 현실과의 만남에서 쓰디 쓴 좌절을 겪게 되었을 때 자기애의 상징과 같은 거대한 제나두 성(城)속으로 도피해버리는 케인과 같은 인물은 현대 개인의 이상과 현실의 간극을 자기애에 대한 문제로 풀어간 대표적 작품일 것이다.

존 카사베츠라는 감독의 영화 「오프닝 나이트 Opening Night」에 나타난 여주인공 머틀(Myrtle)의 자기 회복 과정은 그래서 자기애에 대한 치유적 관점의 해석과 이해의 중요한 단서를 제공하고 있는 영화적 텍스트이다. 그래서 이 작품을 이해하고 분석하는 작업은 치유적 성찰을 전개하는데 많은 기여를 할 수 있는 작업이 될 것이라 생각된다. 그럼에도 불구하고 「오프닝 나이트 Opening Night」라는 '허구 영화' 한편을 인문 치료적 관점에서 해석하고 기술한다는 것이 인문치료와 어떤 관계를 지니는 것인가 라는 질문이 대두될 수 있을 것이다. 이 질문의 타당성은 치료와 비평 양자는 명백히 다른 분야라는 전제를 질문하고 있기 때문이다. 그래서 정확한 한계설정이 인문치료 내에서 필요하다고 생각된다. 이 글은 영화 텍스트를 내담자와의 상호 작업 속에서 활용하여 그로부터 산출된 결과에 대한 분석과 그 치유적 성과를 기술하고 있지 않다. 부연한다면 이 영화 속에 등장하는 여주인공 머틀의 자기 상실로부터 자기 회복의 과정으로 이어지는 허구적 서사물에서 '자아 moi', 혹은 '자기self'라는 인문 치료학이 규명하고 해명해야 할 화두에 대한 모색적 성격을 지니고 있다는 점이다. 이 글에서 구체적으로 다루지는 않고 있지만 영화를 통해 인문 치료론이 감당해야만 할 '자기애 narcissisme'의 문제에 대한 출발점을 제공하는 글이라는 점이다. 그래서 이 글의 말미부분에서 인문 치료적 성찰로서의 예술 작품의 활용의 문제와 인문치료 행위로서의 예술 작품의 활용의 차이를 구분하고 문제화 하면서 그 한계설정의 문제를 명확히 하고 있다.

2. 자기의 해체와 회복의 서사 「오프닝 나이트」

영화 「오프닝 나이트」는 미국 독립 영화의 아버지라 불려지는 존 카사베츠(John Cassavetes) 감독의 필모그래피 내에서 8번째 해당하는 작품이다. 1929년 미국으로 이주한 그리스 출신의 부모 밑에서 태어나 1989년 지나친 흡연과 불규칙한 생활로 인한 간경화로 자신의 생을 마감하기 까지 존 카사베츠(John Cassavets)는 헐리우드 중심의 주류적 영화 제작방식과 차별되는 미국 독립영화의 대표적 인물로 평가되고 있는 인물이다.(Richard Combs, 2001.) 많은 대중들은 존 카사베츠를 로만 폴란스키(Roman Polanski)의 「악마의 씨」와 브라이안 드 팔마(Brian de Palma)의 「캐리」, 돈 시겔(Don Siegel)의 「킬러」 등에 출연한 섬뜩한 악역으로 그를 기억하고 있다. 그의 사후 미국 대중들이 그를 중요한 시네아스트로서 보다는 인상적인 배우로서 기억하고 있듯이 그의 영화적 세계를 이해하는 데 있어서 배우로서의 그의 활동을 주목하는 것이 이 영화를 접근하는데 필수적이다. 그리고 「오프닝 나이트」는 이러한 직업적 배우로서 겪게 되는 배우 자신의 페르소나와 배우가 맡은 역할에 따라 주어지는 가면과의 갈등과 고통을 카사베츠 자신이 전면적으로 주제화 하고 있다는 점에서 그의 영화의 연기론과 연출론이 잘 드러나는 작품이며 그래서 작가의 자전적 요소가 강하게 배어있는 작품이기도 하다.

카사베츠 감독 자신의 평생의 동반자 이었던 지나 롤랜즈(Gena Rowlands)는 머틀(Myrtle)이라는 브로드웨이의 명성 있는 연극 스타로서 등장한다. 그녀는 영화 속 연극이라는 '극중 극' 형식의 이 영화에서 '제 2의 여인 The Second Woman'이라는 작품에 버지니아(Virginia)라는 역할로 출연중이다. 제 2의 여인이라는 제목이 암시 하듯이 머틀의 연극 속 인물인 버지니아는 갱년기에 접어 든 여성이기도 하다. 영화 속 첫 장면이 보여 주듯이 무대 위에는 노파 할머니의 거대한 사진이 걸려있다. 영화는 성공적인 연극공연을 보여주면서 시작하고, 많은 관중들의 환호 속에서 머틀은 리무진에 오르고 바깥의 세계는 빗줄기가 거세게 몰아치고 있다. 많은 군중들 속에 낸시(Nancy)라는 젊은 여인이 머틀에게 다가서고 머틀은 낸시에게 가벼운 관심을 표시하지만 계속 되어야 하는 일정 때문에 진행요원들로부터 격리 당한다. 하지만 낸시는 쏟아지는 빗줄기 속에서 교통사고를 당하게 되고 이 사건은 머틀에게 알 수 없는 외상적 사건으로 다가선다. 모든 사람들이 저녁식사를 어떻게 할 것인가 라는 사실에만 집중하고 있을 때 그녀만이 갑작스런 교통사고의 충격으로부터 자유롭지 못하다. 머틀은 낸시의 죽음으로부터 비롯된 모호한 죄의식으로 인해 더 이상 연기 속에 감정적 몰입을 하지 못한 채 극심한 내적 불안과 공황상태에 빠지게 된다. 그녀에게는 직업적 자아와 현실의 배우로서의 자아가 분리 불가능한 상태로 나타나게 되고 그녀가 행했던 지난 공연의 안정적 연기는 더 이상 불가능한 지경에 이르게 된다.

낸시는 머틀이 수용하지 못하는 과거의 청춘의 분신이다. 그래서 영화에서 머틀의 정체성의 불안은 그녀 자신이 사라(극작가)에게 "내가 이 역할에 합당하다면 내 경력은 이제 그 한계에 왔다는 것이예요. 내가 이 역할에 일단 납득하게 된다면 나는 관객에게 늙은 여인으로 여겨진다는 것이에요." 라고 이야기 하면서 명확히 표명되고 있다. 무엇보다 늙어감을 받아들이지 못하기에 아름다움과 생기를 뽐내는 젊은 여인을 보면서 노화에서 오는 피할 수 없는 변화들을 수용하지 못하는데 그녀의 정체성의 위기가 존재한다. 영화 속에서 머틀의 무대 밖 행위가 보여주듯이 분노나 우울 또는 이상한 충동적 행위들은 이러한 노화의 사실에 대한 거부와 저항을 표현하고 있는 것이기도 하다. 하지만 머틀의 이러한 좌절은 좀 더 근본적으로 정서적인 좌절감과 연관되어 있다. 갑작스레 죽은 낸시의 환영들이 등장하고 그녀 자신도 이러한 낸시에 대한 환영적 지각이 현실적이지 않음을 고백하기도 한다. 머틀은 그녀에게 감당할 수 없이 닥친 알 수 없는 불안과 갑작스레 찾아온 상실감 앞에서 끊임없이 술을 먹고 타인들에게 납득 불가능한 충동적인 행위들을 벌인다. 그리고 연기에 몰입하지 못한 채 죽은 낸시의 장례에 가기도 하고 끊임없이 술집을 떠돌아다닌다.

관습적인 방식대로 살아가는 것에 대한 회의, 극중에서는 고정된 텍스트 위주의 반복적 연기에 대한 근원적인 회의가 지속적으로 나타난다. 무대의 장면을 보여주는 리허설 장면과 공연 장면은 머틀의 신체자체가 존재 안에 웅크리고 있는 내적 갈등을 잘 드러내는 예이기도 하다. 그녀는 배우로서의 그녀의 '몸에 통합된 안정된 자기 Moi-corps'의 상실 속에 고통 받고 있다. 앙드레 그린(André Green)은 퐁탈리스(Jean-Bertrand Pontalis)의 '자아-육체'의 개념을 인용하면서 고통을 육체와 마음의 상호관계로서 기술하고 있는데 머틀의 고통은 마음이 대상의 갑작스런 상실 속에서 육체적 허기와 갈등의 변증법적 방식으로 나타나고 있는 양상이기도 하다.(André Green, pp. 163-173.) 영화는 이러한 자기 상실의 고통을 무대 자체의 연기 행위의 변화 과정을 통해 자기회복의 과정으로 전시하고 있다고 이야기 할 수 있다.

「오프닝 나이트」의 구조를 이루는 중심적 공간은 영화의 시작 부분에서 상징적으로 보여주듯이 무대 뒤, 무대, 그리고 관객석이란 세 개의 공간이다. 카사베츠는 공간의 전체성을 관객이 구성해내는 연극적인 파놉티콘적(panoptique) 시선과 공간이 분절화 되고 운동화 되는 시퀀스적 시선 양자를 넘나들면서 관객으로 하여금 세 개의 공간을 끊임없이 유동시키고 있다. 가르디는 영화적 공간을 이분하고 있는데 관객이 안정적인 조망의 형식으로 구성해내는 시선의 방식을 '무대적 시선' 으로 그리고 시선 자체가 쇼트의 다양한 움직임에 따라 다양한 행위들을 파편적으로 구성되는 방식을 '시퀀스적 시선'으로 정의하고 있다. 전자가 멜리에르 영화에서의 정면적 시선에 해당한다면 후자는 그리피스 이후에 본격화되는 영화의 고유한 시선의 움직임을 의미하는 것으로 대체적으로 정의할 수 있을 것이다. (André Gardies, p. 53.) 이러한 이분적 시선의 형성이라는 관점에서 본다면 이 영화에서 여 주인공 머틀(Myrtle)의 무대 뒤의 삶, 그리고 버지니아(Virginia)라는 무대 위의 삶 사이의 경계가 묘한 긴장 관계 속에 형성되면서 허구와 현실의 경계 자체가 대단히 혼돈스럽게 전개되고 있음을 확인할 수 있을 것이다.

「오프닝 나이트」의 구조는 그래서 이중적 겹침의 구조이다. 무대 뒤의 삶의 서사는 머틀이 다른 등장인물과 맺고 있는 관계들을 기술하며 전개된다. 갑작스런 좌절로부터 그녀는 사라와 끊임없이 다투고 그녀의 전 남편이자 극중의 상대역인 모리스 아담스(Maurice Adams, John Cassavetes 연기)를 찾아가 갑작스런 관계 회복을 요구하기도 한다. 심지어는 부인과 함께 숙소에 머물고 있는 연출가인 마미 빅터(Mammy Victor, Ben Gazzara 연기)를 한밤중에 불러내 하룻밤을 보내기도 한다. 이러한 타인들과의 관계는 그녀가 겪고 있는 내적 갈등을 보여주는 서사적 전략임을 우리는 쉽게 알 수 있을 것이다. 그런데 마치 퍼즐처럼 8개의 무대 장면이 이러한 무대 뒤의 삶과 교차되면서 서서히 관객은 그녀의 자기회복 과정 속에 참여하게 된다. 무엇보다 카사베츠의 전략은 무대 위의 삶을 생성적 행위의 과정으로 관객에게 제시하려 한다는 점에 있다. 어떻게 무대 위의 삶이 영화화 되고 있는 지를 다음의 표를 통해 살펴보도록 하자.

장면 1	모리스 아담스와 머틀의 무대 장면, 이 장면을 보이기전 무대 입장을 기다리는 머틀의 모습이 보여지며 카메라는 무대 뒤와 무대를 왕복하고 있음 - 정면적인 파놉티콘적 시선. 모리스를 통해 일종의 영화의 내용을 소개하는 장면, 머틀의 안정된 표정과 지적인 대사가 특징임-무대뒤, 관객석, 무대를 카메라는 자유롭게 이동하고 있음
장면 2	연극 리허설의 무대, 모리스가 머틀의 빰을 때림, 따귀를 맞고 쓰러지는 머틀(정체성의 위기의 외재화), 극본을 두고 사라와 머틀의 논쟁이 벌어짐.

장면 3	극중 버지니아의 전 남편 토니의 가족과 머틀의 모습, 카메라가 지속적으로 무대 위를 왕복하고 관객석을 보여줌, 머틀의 연기가 이상함.
장면 4	무대 위 모리스 아담스와 머틀, 정면 카메라, 극본에 쓰여진 연극이 파괴됨, 뺨을 맞은 후 머틀 일어나지 못함.
장면 5	장면 3과 동일하나 대사와 카메라의 배치가 다름, 술에 취한 머틀과 토니의 즉흥 연기
장면 6	시간의 흐름을 표지하는 무대 위의 장면, 점차 기력을 회복해가는 머틀
장면 7	머틀에 의해 완전히 새로운 해석의 연극이 탄생함, 모리스 아담스와 머틀의 장면

표로 간단히 무대 위의 장면을 분석하였듯이 장면 6을 제외하고 장면 1과 장면 7, 장면 2와 장면 4 그리고 장면 3과 장면 5는 동일한 무대 위의 장면을 재현하고 있다. 하지만 무대 장면들은 동일한 인상을 주지 않는다. 무엇보다도 대사가 머틀에 의해 변경되어지고 쇼트의 배치도 다르게 전개되고 있다. 감독은 장면 4 후에 관객의 반응을 보여주고 있으며 관객 각자는 연극에 대해 서로 다른 답변을 하고 있다. 이 디에제시스적 관객과 같이 우리는 무대 위에서 무슨 일이 벌어지고 있는 지를 정확히 알 수 없는 혼동 상태 속에 놓여 있다. 정확히 마티(모리스 아담스)가 버지니아의 뺨을 때리는 순간 카메라는 천천히 머틀의 쓰러진 육체로 다가선다. 여기에 세 명의 등장인물 제작자 폴, 연출가 마미, 그리고 극작가 사라의 모호한 반응이 겹쳐진다.

이 무대 위 장면을 통해 카사베츠는 연극적 행위 과정을 통해 머틀이 자기 회복을 이루어가는 과정을 보여주고 있다. 그런데 카사베츠에게서 연극적 행위는 이미 쓰여 있는 각본에 따라 배우가 역할 속에 상징적 과정으로 구현해내는 무엇으로서 나타나지 않는다. 여기에서 작가의 의도를 살펴보기 위해 간단히 작가의 예술적 배경을 검토해 보자. 카사베츠가 막 배우로서의 경력을 쌓아가던 50년대 초반의 미국 영화계와 연극계는 콘스탄틴 스타니슬라브스키(Constantin S. Stanislavski)의 배우중심의 연기론과 극작론이 주류를 이루고 있었다. 특히 1947년 체릴 크로퍼드(Cheryl Crawford), 엘리아 카잔(Elia Kazan), 로버트 루이스(Robert Lewis) 등의 감독에 의해 설립된 액터스 스튜디오(Actor's Studio)는 1982년 까지 이 스튜디오의 소장을 역임하게 되는 리 스트라스버그(Lee Strasberg)에 의해 스타니슬라브스키의 연기 교육 방식을 확대시켰고 무엇보다 배우들이 자신의 정서적 기억을 활용하는 방법적 연기를 구체화 시켜 명성을 획득한 주요한 기관이기도 하였다. 카사베츠의 영화 연기론은 액터스 스튜디오의 연기론과 밀접한 연관성을 지니고 있다. 무엇보다 영화의 촬영과정은 배우의 정서적 흐름의 자연스러운 연결을 방해하지 말고 배우의 자유를 최대한 보장해야 한다는 것이다. 하지만 카사베츠는 한편으로는 이러한 당시 유행한 연기론과 영화론에 비판적인 태도를 취하고 있기도 하다. 그 비판의 요점은 액터 스튜디오적 연기론, 혹은 엘리아 카잔(Elia Kazan)으로 대표되는 액터 스튜디오적 영화들이 배우의 나르시스적 체화를 통해 관객이 신(scène), 즉 재현적 세계의 주인공에 일원화되고 집중화되는 일차적 감동의 전달을 강조하고 관습화하고 있다는 점에 놓여 있다. 카사베츠는 배우에게 너무 과도한 감정 이

입을 통해 허구적 등장인물로 쉽사리 육화되는 액터 스튜디오적 연기론을 자기도취적이라 지속적으로 비판하고 있다. 그의 영화는 그래서 자기애의 정체성의 유동성에 의해 특징지어 진다는 점이다. '행위 과정 acting out'은 치료에서 일반적으로 자기가 인식하지 못한 상태에서 말이 아닌 행동으로 갈등을 표현하는 것을 의미한다. 그런데 카사베츠에게서 액팅 아웃은 영웅적으로 무대 위에서 배우의 자율적이고 순수한, 자기중심의 구심적 집중화가 아니다. 즉, 배우는 단일한 정서적 집중의 과정으로부터 순수하고 완결적인 가상적 자기를 체현해내는 것은 아니다. 이러한 단일한 정서적 일원화를 그는 '액터스 스튜디오 Actor's Studio'적 연기라 지속적으로 비판하고 있듯이 그에게서 배우의 연기와 영화적 재현은 내면과 외면의 세계가 닫힌 구조로 완결되는 것이 아니라 과정적인 의미에서의 완결되지 않은 열린 상태로의 끝맺음으로 정의될 수 있다. 이러한 액팅 아웃의 의미를 구체화하고 있는 장면이 마지막 장면에 해당된다고 할 수 있다. 머틀은 술에 취한 채 공연에 늦게 나타난다. 그리고 그녀의 공연은 처음에 술에 취한 상태에서 전개되나 다른 배우들의 도움 속에서 서서히 능동적으로 전개되어 진다. 마지막 무대 장면에서 머틀과 마티의 즉흥적인 대화는 타자와의 교류를 통해 자기의 내적 균형을 어떤 상징적 의미로서 고정되어 표현하기보다는 마치 심리치료에서의 회기의 끝맺음이 내담자 자신의 존재적 자기 지평을 확대하여 현실로의 되돌아가 살아 갈 수 있다는 가능성의 잠정적 확인 속에서 마무리되어 지듯이 머틀의 자기 회복은 미완적이지만 열려진 가능성 자체로서 나타나고 있다.

3. 자기애

3-1. 프로이트에게서의 자기애의 문제

프로이트가 자기애의 문제를 처음으로 제기한 것은 동성애에 대한 문제로부터 시작된다. 동성애자들은 그들 자신의 분신을 성적 대상으로 생각하는 사람들이다. 그들의 이러한 성향은 어머니가 그들을 사랑하듯이 자기애로부터 시작해 그들과 닮은 젊은 사람들을 찾아 나선다는 것이다. 이러한 생각이 구체화되어 나타난 것이 「편집증 환자 슈레버」의 경우 인데 프로이트는 다음과 같이 기술하고 있다.

> "한 사람의 발달 과정에는 대상-사랑을 얻기 위해서 (그때까지 자체 성애적 성생활을 하고 있던) 자기의 성적 본능을 통합하는 시기가 있다. 그런데 그는 자신의 몸을 사랑-대상으로 삼는 것으로 시작한다."(지그문트 프로이트, 「편집증 환자 슈레버」, p. 168.)

프로이트는 자기애를 생후 2-3개월에 자체성애와 대상-사랑 사이의 성적 진화 단계에서의 인간 개체의 보편적 현상으로 우선 주목하고 있다. 이러한 자기애에 대한 사유가 본격화된 것이 『나르시시즘 연구』라는 논문이다. 이 논문은 프로이트의 정신분석학 이론의 전체적 문제성 하에서 자기애의 개념을 리비도적 투자(investissement libidinal)라는 측면에서 구체적으로 검토하고 있다. 자아 리비도와 대상 리비도를 구분하면서 프로이트는 대상으로부터의 관심을 철수한 채 자아로의 투자가 강력히 일어나는 상태를 자기애로 정의하고 있다. 여기에서 자기애는 자아 리비도와 대상 리비도 사이를 왕복하며 한 측면이 우세하면 다른 측면이 약화되어 지는 과정으로 나타난다. (지그문트 프로이트, 「나르시시즘 서론」, pp. 65-67.) 이 글과 후기의 글 사이에 나타나는 자기애에 대한 프로이트 고찰의 특징은 자기애가 리비도적 투자의 측면에서 주로 검토된다는 점이다. 그래서 인간 개체의 발달적 측면에서 고찰되기 보다는 구조적 차원에서 주로 검토된다는 점이 그 특징이라 할 수 있다.

그런데 프로이트가 자기애의 문제를 드러내는 방식에서 제기되는 근본적인 핵심은 자기애의 단계에서 자아가 일종의 사랑의 대상으로서 등장한다는 것이다. 즉, 유아적인 자기애의 단계로부터 자아의 탄생과 점차적인 형성이 이루어진다는 것이다. 자끄 라깡(Jacques Lacan)은 자아를 거울 속에 비친 타자의 이미지(육체의 전체성이라는 환영으로서의 이미지)로의 동일시로 정의한다. 그의 거울 단계는 자아의 형성과정이 이러한 자기애적 경험과 관계있음을 보여주는 중요한 가설중 하나일 것이다. 자기애가 보여주는 자아는 따라서 데카르트의 코기토(Cogito)가 제기하듯이 인간의 본성적인 이성적 힘으로서도 그리고 상호 주관적인 관계가 부재하는 것으로서 나타나는 것이 아니라 일종의 어떤 관계의 내면화로서 나타난다는 점이다. 프로이트는 자아가 자아 이상에 도달하지 못하거나 자아의 리비도적 보완물이 좌절되거나 결핍되면 리비도가 대상으로부터 철수하게 됨을 주목하고 있다. 이러한 논의는 자기애가 대상 사랑으로부터 자아로의 퇴행의 과정으로 나타난다는 점이고 이 과정에서 자존감의 급격한 하락이 동반되고 자기애적 상처가 경험되어짐을 주목하는 것이다.

그런데 프로이트의 자기애에 대한 문제는 그의 이론적 성찰이 1890년대 정신분석학적 사유가 시작된 이래 1939년 그의 사후에 이르기까지 많은 논쟁적인 변화와 부침이 있듯이 복합적이고 모순적이기 까지 하다. 무엇보다 자기애의 개념은 그의 후반기 이론에서 변화를 겪게 되는데 이 이론은 크게 한편으로는 초기의 무의식/전의식/의식이라는 지형학이 후기의 이드/자아/초자아의 지형학으로 변화되어 지고 다른 한편으로는 생의 욕동(Eros)과 죽음 욕동(Thanatos)의 등장과 함께 그의 욕동이론이 변화되면서 수정되어 진다.

먼저 후기의 지형학적 이론의 변화를 살펴보자. 그의 후기 지형학은 1차 혹은 전기 지형학 이론(무의식/전의식/의식)에서의 무의식과 의식의 개념들을 정리하면서 주로 자아와 이드의 개념을 수정하면서 등장한다. 이드(Es)라는 용어의 기원은 조르즈 그로덱(George Groddeck)과 니체로 거슬러 올라간다. 그의 초기 지형학과 후기 지형학의 차이는 억압하는 심급으로 이야기 되었던 의식으로서의 자아와 자아의 방어적 작용들의 많은 부분들이 무의식적이라는 것이고 이드는 이러한 점에서 초기 지형학에서의 무의식과 거의 동일한 기능을 지니나 무의식적 작용의 전체를 가리키는 것은 아닌 것으로 개진된다. 이드는 무의식적 차원에서 정의되기 보다는 인간 개체들의 욕동적 축으로 이해되어 진다. 즉, 이드는 리비도, 혹은 욕동적 에너지의 '거대한 저수지'라는 의미로 사용되어

진다. 그리고 후기 지형학에서 자아와 이드는 명확히 나누어지는 무엇으로 정의되지 않는다는 것이다. 그리고 자아는 이드, 초자아의 요구를 중재하고 통제하는 역할을 떠맡는다는 것이다.(Jean Laplanche et Jean-Bertrand Pontalis, pp.56-59.)

1920-1923년대에 프로이트는 욕동이론을 크게 생 욕동과 죽음의 욕동으로 나누는데, 앙드레 그린이 주목하듯이 이러한 욕동 개념의 변화에서 그 이전까지 프로이트 저작에서 다양한 명칭으로 불렸던 '자기 보존 욕동' '성적 욕동' '대상적 리비도' 그리고 '자기애' 등의 개념들은 생 욕동으로 통칭되어 지게 된다. 사실 이러한 욕동 개념의 변화를 자기애의 문제와 연관하여 생각할 때 1915년도의 프로이트의 저작 「애도와 우울」은 애도의 문제를 자기애의 특수한 양태로서 바라본 것이고 1920년의 「쾌락원칙을 넘어서」라는 논문에서의 죽음 욕동과 초자아의 문제의 단초를 제공하는 것이기도 하다.(André Green, p. 11. 그린은 이 저작에서 프로이트가 제기한 죽음 욕동과 자기애와의 관계를 현대 정신분석의 잘 사유되지 않은 중요한 주제로 부각시키고 있다.) 프로이트 초기의 욕동의 개념은 엄마의 가슴을 둘러싼 성적 욕동과 자기 보존 욕동(자아 욕동들로 혼란스럽게 명명되어짐)이 인간에게서 독특하게 걸치어져 있음(étayage)을 보여주고 있다. 자기보존 욕동이 쾌락원칙에서 현실원칙으로 매우 빨리 전개된다면 성적 욕동은 환영적 방식으로 이루어지고 쾌락원칙이 주요한 기능으로 머물고 있다는 것이다. 그리고 성적욕동은 대상의 임의성과 유동성에 의해 특징지어 지기도 한다. 그리고 1915년 이후 자기 보존 욕동은 점차 자기애라는 개념

으로 전개되기 시각하고 1920년 이후(「쾌락원칙을 넘어서」이후) 그린이 주목하듯이 생 욕동이라는 커다란 개념 하에 통합적으로 묶이기 시작한다.

영국과 미국을 중심으로 한 프로이트의 연구는 죽음 욕동을 공격성이란 개념 하에 주로 고찰하고 있다. 하지만 프랑스를 중심으로 한 연구에서는 죽음 욕동에 대한 문제는 신화적인 차원이자 철학적인 문제와의 연관성하에서 검토되고 있다는 점에 차이가 있다. 즉 생물학적 문제, 심리학적 문제를 넘어서 인간 존재의 존재론적 토대 혹은 계통발생학적 차원에서 이 문제를 제기하고 있다는 점에 그 주요한 차이가 드러나고 있다는 점이다. 사실 프로이트의 죽음 욕동의 문제는 이러한 문제제기로부터 독특하게 자신의 정신분석을 행하게 되는 멜라니 클라인을 제외한 포스트 프로이트 정신분석에서 거의 거부되어 지는 개념이자 끊임없이 논박이 이루어지는 개념이기도 하다.

사실, 프로이트는「쾌락원칙을 넘어서」에서 죽음 욕동을 생물학적인 맥락에서 세포의 은유를 통해 비 유기적 상태로 돌아가고자 하는 욕동으로 설명하고 있으며 에로스와 관계된 생 욕동이 이전 연구에서 다양한 이름으로 불렸다면 이 개념은 전혀 새로운 개념이기도 하였다. 그렇다면 이러한 프로이트의 새로운 모색이 제기하는 문제성은 무엇인가? 프로이트가 죽음 욕동을 제기한 이유는 첫째 프로이트가 이전에 제기한 양가성, 가학증, 피학증의 다양한 정신병리적 현상들에서 나타나는 강박신경증과 우울증의 문제들에 대한 이론적 차원의 해결점에 대한 모색과 연관되어 있다. 두 번째 증오라는 개념이 성적 욕동으로서는 설명 불가능한 것으로서 나타난다는 점에 있다. 즉 증오라는 개념이 이전의 자아 욕동, 이 논문의 주요 테마인 자기애라는 문제와 연관되어서 이해될 때 더 잘 설명되어 진다는 것이다. 그리고 세 번째로는 성적 욕동이 기반하는 쾌락원칙에 반하는 이상한 충동의 퇴행적 힘이 존재한다는 것이다. 그것이 바로 반복강박의 문제이다.

프로이트가 「쾌락원칙을 넘어서」로부터 자신의 욕동 이론에 죽음 욕동이라는 문제를 도입한 배경은 그 자신의 정신분석을 기존의 철학적인 배경 하에서 이루어진 인간 주체에 대한 이해와 거리를 두고자하던 그의 이전의 태도와 비교해볼 때 이례적인 것이다. 자끄 라깡은 프로이트의 메타심리학적 논의의 중요성을 심리학을 넘어서는 시도로서 제기하고 있다. 라깡은 심리학이 심리론의 연상주의적 개념에 따라 구성되어져 있음을 비판하면서 마치 인간의 역사도 자연사와 같이 분석 가능한 무엇(환경이나 생물학적 진화의 상태로서의 종족)으로 기술되고 있다는 것이다. 여기에 바로 실증주의적 태도의 한계가 자리잡고 있으며 또한 실증주의적 '객관적 과학성'으로서의 심리학의 전제가 놓여져 있음을 비판한다. 이러한 실증적 심리학이 결론적으로 구분하는 것은 합리적인 인식과 다른 한편으로는 감정, 믿음, 착란, 분노, 직관, 꿈들의 세계이다. 전자가 심리론의 연상주의적 분석을 필연화한다면 여기서 주관적인 현실은 환영적인 인간의 현실이기에 교정되고 부정되어야 할 것으로 나타난다는 것이다. 그래서 이러한 인간의 주관적 현실은 객관적 현실에 통합되고 교정되어야 할 것으로 나타나고 이 객관적 현실의 보이지 않는 언표의 주인으로서의 주체를 해체하고 문제시하는 것이 바로 라깡의 작업이기도 하다. 라깡에게서 인간의 정신적 상황을 이해하기위해서는 인간에게는 상상계와 실재가 언어라는 매개체를 통해서 이야기 될 수밖에 없다는 데에 있다. 항상 인간은 언어를 넘어서는 '비의미'를 경험하게 되면서도 동시에 의미 체계 내에 머무를 수 있다는 요구와 같은 근본적인 모순들을 정신분석가가 벗어날 수 있다고 생각하는 것은 착각이라는 것이다. 이러한 의미에서 라캉은 근본적인 회의주의자이기도 하다. 프로이트가 삶을 쾌락원칙과 현실 원칙의 관계로부터 주로 성적 욕동 중심으로 바라보았던 이전의 일원론과 비교할 때 생 욕동과 죽음 욕동의 이원론적 욕동론은 생물학이나 인과적 심리학을 넘어서는 인류학적이자 철학적인 문제를 제기하고 있는 새로운 변화이기 때문이다. 예를 들어 프로이트가 사용하는 니르바나(Nirvana)라는 개념은 이전의 리비도의 경제학적 개념과는 다른 개념인데 여기에서 어떤 의미에서 쾌락원칙을 해소하고자 하는 욕망과 지속적으로 유지하고자 하는 욕망사이에는 모순적 긴장이 존재한다. 즉, 결합하고자 하는 욕망과 부서지고자 하는 욕망이 모순적으로 그리고 신비한 방식으로 해결되는 것이 니르바나의 상태이기도 하다. 그런데 프로이트에게서 죽음 욕동은 계통발생학적으로 최초의 욕동으로 제시된다. 즉, 무기력한 물질에서 삶의 시작으로 탄생한 긴장을 폐기하려는 무엇인가로서 존재한다는 것이다. 이러한 문제제기는 생물학이나 심리학적 논의를 넘어서는 논의로서 이전의 실증과학적인 태도를 꾸준히 견지하려 했던 프로이트의 태도에서 신화적인 혹은 문학적인 개념이 도입되는 것이기도 하다. 즉 메타 심리학이 없이 임상은 불가능하고 심리적 포착을 완전히 벗어나는 어떤 인간적 현상에 대한 표지를 제기하는 상황 자체가 바로 메타심리학을 요구하고 있다는 것이다.

이제 프로이트의 이러한 욕동의 이원론과 자기애의 문제로 넘어가 보자. 여기에서 정신분석학적 의미의 대상의 개념의 특수한 의미를 살펴보자. 프로이트에게서 대상은 필연적으로 어떤 사물이나 물건을 의미하는 것이 아니다. 그리고 내적 혹은 주관적 존재와 대립되는 것도 아니다. 라플랑슈와 퐁탈리스는 프로이트에게서 이 대상이라는 개념을 마음의 불꽃, 원한 등등의 정념과 같은 대단히 넓은 개념으로 이해할 것을 제안한다. 그렇다면 예를 들어 성적 대상과 성적 욕동과의 관계는 어떤 것일까? 프로이트의 독특한 개념에서 성적 욕동은 대상에 독립적으로 존재하고 대상으로부터 오는 자극들에 의해 결정되지 않는다고 정의 될 수 있다. 여기에서 정신분석에서의 대상의 우연성의 문제가 존재한다. 자기애는 욕동의 대상이 자기 자신이 된다는 점을 이러한 맥락에서 이해할 수 있다. 그래서 정신분석학에서 대상은 인식적 개념에서의 객관성을 의미하기 보다는 대상이 욕동의 대상이란 의미에서, 즉 지각적 대상이나 과학적 대상이라는 의미가 아닌 대상으로서의 대상성(objectalité)이란 의미에서 이해되어야 한다. 그래서 욕동의 대상은 정신분석학에서 환영적 대상이 근본적임을 말하는 데로 나아가게 된다. 프로이트는 크게 자기애를 일차적 자기애와 이차적 자기애로 나누고 있다. 일차적 자기애에서는 아이가 외부 대상을 선택하기 전에 자기 자신을 사랑의 대상으로서 여기는 상태로서 그의 사유의 전능성에 대한 믿음을 그 특징으로 한다. (지그문트 프로이트, pp. 148-150.) 그런데 초기 지형학적 맥락에서 자기애가 자체 성애와 대상사랑 사이에 위치함을 살펴보았고 이 과정은 라캉의 거울 단계가 보여주듯이 주체의 형성, 자아의 자기애적 구조와 유사하다고 기술한 바 있다. 하지만 후기 지형학에서 일차적 자기애는 삶의 최초의 상태, 이드와 자아의 구분이 없는 신화적 의미에서의 태내단계와 비슷한 상태로서 주체와 대상 사이의 분열이 없는 비대상적(anobjectal) 상태라고 할 수 있다. 이러한 일차적 자기애는 그 의미의 해석에 있어서 많은 논쟁과 모호함이 존재하는 개념이며 프로이트에게서 한편으로는 자기 혹은 자아의 근원적 충족상태, 자아의 근원적 경향을 의미하는 순수한 이론적 의미에서의 정의라고 할 수 있다. 반면에 이차적 자기애는 우선 대상사랑으로부터 자아로의 퇴행적 과정으로 이해되어 진다. 그리고 이차적 자기애는 주체의 구조자체를 지시하는 것이기도 하다. 즉 경제적 측면에서 대상적 투자가 자아의 투자를 제거하지 못한다는 점이 존재하고 이러한 두 종류의 욕동의 투자가 역동적 측면에서 지속적으로 운동하고 있다는 점이다. 그리고 지형학적 측면에서 자아의 이상은 결코 포기되지 않는 자기애적 형성과정이라는 점이다. (프로이트에게서 자아이상(idéal du moi)이란 개념은 초자아와의 관계에서 이야기되는 개념이자 지도자등에 대한 이상화와 같은 현상에서 하나의 심리내적 기준으로 작동하는 표상이기도 하다. 이것을 자기애와의 연관성하에서 생각할 때 자신의 유년 시절에 상실한 자기애적 대치물로서의 어떤 이상으로 이해할 수 있다. 이 개념은 이상적 자아(moi idéal)란 개념과 연관해서 이해될 필요가 있는데 라캉이 주목하듯이 이상적 자아가 상상적 단계(어머니와 아이의 이자적 관계, 전 오이디푸스 단계)에 놓여 있다면 자아이상은 상징적 단계(어머니-아이-아버지의 삼각형의 단계, 오이디푸스 단계)에 놓여 있다고 할 수 있다.

프로이트에게서 자기애는 단지 병리적 관점에서 서술되는 것은 아니다. 그는 자기애 자체를 악한 것으로 보지 않고 오히려 모든 인간의 탄생과 발달과정에서 정당하게 소유하는 기제로서 바라보았고 생 욕동이 통합하여 보여주듯이 인간의 근원적 생의 본능으로 바라보기도 한다. 어떤 의미에서 자기애는 나의 바깥에 있는 모든 이질적인 것, 현대 철학에서 흔히 들 이야기하는(그리고 비판되는) 차이들의 세계를 나를 중심으로 통합하고자 하는 경향으로, 즉 타자들을 나의 중심 속에 통합하고자하는 생 욕동의 중심적 경향이기도 하다. 그런데 우리는 후기의 프로이트 사상을 살펴보면서 대립적인 이원적 욕동을 보았다. 만약 죽음 욕동이 인간을 규정하는 중요한 하나의 욕동이라 한다면 생 욕동과 죽음 욕동의 관계 사이에서 자기애의 문제는 어떠한 관계를 드러내고 있는가 하는 질문이 대두되어 진다. 왜냐하면 프로이트의 죽음 욕동에 대한 새로운 욕동이론의 등장은 1920년 이전 자아의 전멸을 원하는 가학증적 욕망이 등장한다는 사실에 있고 이것이 죽음 욕동의 예비적 단초로서 제시되고 있다는 점이다. (지그문트 프로이트, 「쾌락 원칙을 넘어서」, pp. 269-349.) 자기애는 생 욕동과 죽음 욕동의 거대한 투쟁에서의 생 욕동의 승리, 즉, 에로스의 승리가 인간의 발달의 시작임을 이야기 하는 것이고 그러한 의미에서 자아는 현실과의 관계에서의 순화된 쾌락이기도 하다는 점이다. 여기에서 앙드레 그린이 행하는 프로이트에 대한 독특한 해석의 중요성이 대두된다. 그는 죽음 욕동에 관계된 절대적 의미의 일차적 자기애에 대해 서술하고 있다. 그에 따르면 절대적 의미의 일차적 자기애가 존재하는데 이 개념은 경험적 의미에서가 아니라 프로이트가 하나의 개념으로 제기한 것으로 프로이트가 잠의 상태와 꿈의 상태에서의 자기애를 비교한 것에서부터 이 문제를 검토하고 있다. 꿈은 프로이트에게서 일종의 무의식적 욕망 충족의 장소이다. 그런데 잠은 어머니의 태내에 있는 것과 같은 휴식과 따스함으로 어떠한 자극도 존재하지 않는 형식으로 사유해야 하는 것이다. 잠의 상태는 일종의 욕동적 욕구의 소멸의 상태 속에 존재하는 근원적인 평화의 상태에 비유된다. 죽음 욕동이 제기하는 자기애의 가능성을 그린은 자기애적 욕망의 상태로부터 벗어난 휴식에의 욕망으로 비교하면서 이러한 상태로의 마주함을 중요한 자기 성찰적 가능성의 장소로 이야기하고 있다. (André Green, p. 92.)

3-2. 자기애에 대한 성찰

「오프닝 나이트」로 돌아가 보자. 모리스와 머틀의 무대 위 장면을 보여준 후 영화가 시작된다. 그리고 머틀의 내레이션이 뒤 따른다. 그녀의 내레이션은 그녀의 직업배우로서의 삶이 어떤 위기에 봉착해 있음을 암시한다. 하지만 이후의 무대 위 장면이 보여주듯이 그녀의 연기는 훌륭했고 연극은 성공적으로 공연을 마쳤음을 보여주고 있다. 약간의 불안이 존재하지만 머틀은 배우로서의 삶을 어려움 없이 수행해내고 있다. 낸시는 머틀에게는 갱년기 이전, 그녀의 젊음과 아름다움을 대표하던 그녀의 내적 자아이자 그녀가 은밀히 품고 있는 자아 이상이다. 교통사고에 의한 낸시의 갑작스런 죽음은 그녀의 자아 이상이 더 이상 지속될 수 없음을 드러내는 상징적 사건이기도 하다. 그리고 이 사고는 머틀 자신이 그녀 자신의 제 1의 자아와의 결별 속에 어떻게 새로운 제 2의 여인으로서의 삶을 살아갈 것인가 하는 문제를 제기하는 것이기도 하다. 자신의 자아가 분열되고 있다는 머틀의 점진적인 인식에 수반되는 모호하지만 강렬하고 광범위한 불안의 표현은 영화의 전체 속에서 끊임없이 나타나고 전시된다. 카메라의 갑작스런 움직임을 통해 드러나는 머틀의 내적 혼란과 공허한 상황, 낸시의 환영이 갑작스레 출몰하고, 머틀은 자아의 심한 파편화 현상을 드러낸다. 그리고 더 이상 그녀 자신이 연극의 주도적 인물로서 존재하지 못하고 있다는 상실감과 자존감의 추락, 그리고 전적으로 무의미하다는 느낌 속에 그녀는 끊임없이 방황한다. 어떤 의미에서 불안은 자신과 혹은 타자와의 교류 속에서 조용히 안정된 상태로 살아가고 있던 존재감을 한 순간 혼란케 하는 소음과 같은 것이다. 그녀의 첫 장면의 공연이 드러내는 사실은 약간의 불안의 심리 상태 속에 그녀가 존재하고 있지만 그녀는 그래도 비교적 안정된 자아를 가지고 있다는 사실의 보여주기에 있다. 그런데 낸시의 사고이후 그녀는 심리적 고통에 힘들어 하고 있다. 그래서 머틀은 지속적으로 움직인다. 죽은 낸시의 집으로, 술집으로, 그리고 모리스의 방으로 그리고 거리를 헤매기도 한다. 이러한 공간적 이동의 과정은 무엇인가를 찾기 위한 과정이다. 하지만 그녀의 내적 공간은 낸시로부터 비롯된 어떤 대상의 상실로부터 지독한 공허함 속에 빠져 있다. 더 이상 그녀의 애착의 대상은 존재하지 않은 채로 영화가 보여주듯이 낸시의 유령 속에 그녀는 흔들리고 있다.

영화 「오프닝 나이트」는 머틀의 자아의 애착 대상의 상실로부터 비롯된 자아의 불안과 공허감으로부터 점차적인 자기 회복의 과정을 보여주는 영화이고 그래서 우리에게 자기애에 관해 많은 질문을 던지는 영화이다. 그런데 자기애는 정상적인 사람이건 치료를 요청하는 병리적 환자들이건 간에 정도의 차이만이 존재할 뿐 모든 사람들에게 현상적으로 관찰되는 메타심리학적 개념이다. 즉 성격의 문제, 다양한 병리들 속에 나타나는 자아의 방어와 저항의 구조 속에 공통적으로 나타나는 일종의 개념이라 할 수 있다. (André Green, p. 25.) 프로이트는 자기애의 기원을 어머니의 자궁으로부터, 아직 자아가 탄생하기 이전의 아기의 수유의 과정으로부터 즉, 인간의 계통발생학적 차원에서의 행복의 기억과 우선 연관시킨다. 그리고 젖떼기의 과정에서 겪게 되는 아이의 젖가슴이라는 대상 상실의 아픔으로부터 이러한 자기애 문제를 제기한다. 프로이트에게서 나타나는 젖가슴 상실에는 두 가지 의미가 동시에 존재한다. 가슴은 은유 그자체로서 이 은유를 통해 젖가슴 상실은 이론적이고 개념적인 의미에서 주체의 근원적인 구조라는 의미를 우선 지닌다. 그리고 인간의 발달적 측면에서 인간을 삶을 살아가는 데에 필연적으로 어머니로부터 벗어나 하나의 개체로서 살아가야 한다는 의미에서 이중적이다. 프로이트의 포르-다(Fort-Da) 게임은 어머니의 부재와 상상을 통한 자기애적 대상의 현존에 대한 유명한 상징이기도 하다. (지그문트 프로이트, 「쾌락원칙을 넘어서」, pp. 278-280) 아이는 끊임없이 어머니와의 결합 속에 있었던 충족감의 기억으로 회귀한다. 이 기억은 다시는 되찾을 수 없는 기억이지만 그린이 주목하듯이 자기애적 충족성(intégrité)의 요구는 인간에게 지속적인 경향이기도 하다. (André Green, p. 43.) 그래서 자기애의 문제는 끊임없이 대상과 자아사이의 동일시(identification)적 과정이 제기되고 그 속에서 내가 누구인가 하는 정체성(identité)의 질문과 밀접히 연관된다. 왜냐하면 정체성이란 고정된 어떤 상태가 아니라 자아의 탐색이기에 대상을 통해서만 그 응답을 받을 수 있는 것이고 또한 현실과의 갈등 속에서 탐색되어 지는 것이기 때문이다.

그런데 자기애가 던져주는 상황은 모순적이다. 왜냐하면 현실과 자기애는 서로를 배제하지는 않지만 대립적이기 때문이다. 이것은 사실 자아의 모순이기도 한데 자아는 현실과 소통하는 관계 속으로 들어가야 하는 심급이지만 인간의 자기애는 자신만을 위해 현실을 인식하고자 한다. 그래서 한편으로 자기애는 모든 세상의 현실을 자신의 사유로 통합하고자 한다. 현실과 단절된 내부세계로의 퇴각 그 속에서 세상에 대한 고독한 격리를 선택하기도 한다. 다른 한편으로는 사회적 실천 행위 속에도 자기애가 존재한다. 전자가 내적인 퇴행의 과정이라면 후자는 외적인 과대 자아를 향해 있다. 기꺼이 타인을 위해 일하는 리더의 역할을 맡기도 하고(그래서 타인들의 인정(찬사) 속에서 자아이상의 만족감을 느끼게 된다.), 우리가 분석한 존 카사베츠와 같이 예술작품의 창조 속에서 커다란 만족감을 느끼기도 한다.

머틀은 연극 인생에서 필요한 생의 욕동을 상실했다. 그녀는 깊은 우울의 상태로 빠져들어 역할에 대한 혼란과 공허함이 그녀를 휩싸인다. 프로이트의 자기애론에서 살펴보았듯이 자기애에서 자아는 대상을 향한 욕망을 자아를 향한 욕망으로 변형시킨다. 타자 혹은 타자적 대상의 상실로부터 욕망은 대상을 바꾸고 자아 그 자체가 자신의 욕망의 대상이 되어 버리는 것이다. 욕망은 자신의 중심 자체를 저기 저 대상을 향해 나아가는 운동이다. 결핍의 대상 혹은 만족 대상의 탐색을 통해 자아는 타자와의 경험을 행하는 것이다. 그런데 이 결핍의 대상은 욕망의 바깥에 분리되어 존재하며 자신의 중심으로 만족을 갈망하며 통합하고자 하는 것이기도 하다. 대상의 상실은 그녀에게는 가치와 의미의 상실로 이어지고 타인에의 인정 욕구는 파산에 이르게 되었다. 머틀의 대상 관심의 철수는 많은 중독환자들의 경우와 같이 현실로부터 단절된 욕동 자체의 추구도 아니고 『모비딕』의 선장 에이브해와 같은 과대한 열광으로부터 자아의 무한한 확장을 도모하는 움직임과 완전히 반대되는 경우이다.

프로이트는 자기애의 문제에서 욕동의 승화(sublimation)의 경우와 대상의 이상화(idéalisation)의 두 경우를 검토하고 있다. 프로이트가 자기애의 긍정적 가능성을 제기하는 것은 대상의 이상화라는 측면보다 욕동의 승화라는 측면이었다. 그가 욕동 이원론을 제기한 당시의 시대는 한편으로는 세계대전의 참상이 벌어지던 시기였고 대중들이 히틀러라는 파시즘에 자기애적 동일시를 행하던 시기였다. 전체주의적 국가체계 내에서 한 인물에의 이상화 과정에는 이념이라는 이름 하에서 일종의 광기의 금욕주의가 행해지기도 한다. 모든 메시아니즘 속에는 어떤 의미에서 도덕적 자기애가 존재하는 것은 아닐까?

대상에 대한 열광적인 확장, 대상을 향한 거대한 숭고함의 욕망이 자기애의 원심적 운동이라면 대상으로 부터의 퇴각, 대상적 무에의 열망, 혹은 무에 대한 열망은 자기애의 구심적인 운동이기도 하다. 자기애에는 이러한 모순적인 두 가지 방향이 존재한다. 전자가 생의 욕동에 기반을 두어 타자나 세계를 일자라는 통일성 하에 흡수하고자 한다면 후자는 죽음 욕동과 연관된 부정적 자기애의 양상이기도 하다. 그런데 프로이트가 보여주듯이 욕망의 완전한 성취는 불가능하다. 그리고 무엇보다 자기애의 현상이 보여주는 것은 욕망의 완성의 실패라는 사실이다. 머틀은 그러한 자기의 해체에 의해 야기된 공포들을 언어화함으로써 자신의 자기 상태의 변화에 대한 인식을 표현하려고 하지만 실패한다. 그리고 인사불성으로 취해 공연의 현장에 도착해 '제2의 여인' 공연에 참가하면서 점차적으로 자신의 내면에 있는 저항들을 극복해내며 그러한 과정을 통해서 서서히 자기의 회복의 과정으로 나아간다. 이 과정은 명확한 자기의 드러냄의 과정이라기보다는 자기의 유한성을 서서히 자신에게 설득하는 과정이자 자신의 변화자체를 인내하는 과정이다. 그리고 동료들과의 집단적 작업과 지지 속에서 그리고 연극의 버지니아처럼 새로운 제 2의 자아를 다시 찾아내고 그 속에서 다시 그 자아와 소통하는 것이기도 하다. 머틀의 자기 회복과정은 되돌아 올 수 없는 청춘 시절의 그 자아의 죽음을 견뎌내는 과정에서 새로운 삶의 가능성을 찾아내는 과정이다. 그것은 생의 욕동과 우리가 위에서 언급한 잠에 비교한 평화스러운 죽음 욕동(지난날의 자아 이상에 대한 작별을 통해 머틀은 공허감으로부터 욕동적 욕구의 소멸로 이루어지는 무의 상태로 나아간다.)이 이중적으로 얽혀서 이루어지는 과정이고 마지막 장면의 대사가 보여주듯이 "나는 나가 아니고 아무거나 일수 있다."라는 자아와의 거리의 확보로부터 성취되는 것이기도 하다. 그래서 마수드 칸(Masud Kahn)은 다음과 같이 자신에 대한 거리의 회복을 진정한 자기 회복의 출발점으로 이야기하고 있다.

> "오늘날의 인류에게 자율적이고 순수한 자기란 일종의 불건강함이며 질병을 의미한다……. 개인 분석은 제대로 된 사람만 만난다면 항상 유익한데 자신을 알도록 해주기보다는 자신이 자신에게 타자(Other)가 되도록 해주는 것이다. 이렇게 함으로써 자기와 대화할 수 있는 필요한 거리가 확보되는 것이다. 이러한 능력을 현대이론에서는 반사적 자기인상 혹은 정신화라 부른다." (린다 홉킨스, pp. 139-141.)

4. 예술 치료에서 예술 텍스트의 활용

치료 분야에서 자기애에 대한 관심은 자기애적 성격 장애나 경계선 장애등의 병리현상들이 고전적 이론으로는 많은 한계를 가지고 있다는 의문 속에서 프로이트 이후의 위니코트(Donald Winnicott), 컨버그(Otto Kernberg), 하인즈 코헛(Heinz Kohut) 등에 의해서 새롭게 연구되기 시작한 분야이다. 이 글은 「오프닝 나이트」라는 허구 영화 작품에서 나타난 머틀의 자기 회복 서사를 자기애를 중심으로 살펴보았기에 자기애에 대한 많은 석학들의 고민과 성찰들을 소개하고 이해시키기에 많은 한계가 있었다. 인문치료가 모색의 와중에 있다는 점에서 그리고 예술과 치료의 두 이질적인 분야를 결합시키고자 하는 실험적인 의도에서 비롯되었기에 이 글은 조금은 어정쩡한 위치에서 존재하고 있음을 부인할 수는 없을 것이다. 이후의 연구에서 자기애의 문제와 왜 인문치료에서 이러한 성찰이 주요하게 요구되어지는 지에 대한 좀 더 심도 깊은 논의가 필요함을 인정하는 선에서 이 글의 미진함을 대신하고자 한다. 이 글은 인문학적인 의미에서의 예술작품의 비평적 해석과 치료이론을 왕복하며 전개되었다. 지난 시기 소위 고전적 정신비평은 예술작품과 작가를 병리학적 시각이나 병리학적 전기로 환원한다는 비판을 받기도 했다. 이러한 초기 비평과 달리 현대 정신분석 비평은 작품과 작가의 역사성속에 놓인 무의식적 욕망과 환상 그리고 현실과의 관계를 다양한 방식으로 해석해내고 있으며 무엇보다도 예술의 다양한 정서, 정동, 감정의 전언어적 표현과 언어와의 관계에 대한 성찰 속에 풍요로운 해석을 던지고 있다. 정신분석 비평의 사유는 예술을 정신분석적 이론에 따라 예술 작품을 재단하는 데에 있는 것이 아니다. 예술이 인간의 내밀한 욕망과 현실사이에서 승화된 표현으로 나타난다는 사실은 인문 치료를 연구하는 사람들에게 시사하는 바가 크다고 할 수 있다. 왜냐하면 예술 텍스트들은 치료사가 임상적 경험만으로 충분하지 않은 인간에 대한 깊은 이해, 그리고 이러한 이해로부터 임상에 대한 간접적 경험을 키우는 것이 될 수 있고 환자에게는(환자 자신 혹은 치료사의 세심한 추천 혹은 선택에 따라) 중요한 치료 도구가 될 수 있기 때문이다.

그런데 다음과 같은 질문을 던져보자. 예술 작품이 과연 치료에 활용되어 질 수 있을까? 활용되어 질수 있다면 그 한계와 범위는 어디까지로 잡아야 할 것인가? 이러한 질문의 답변으로 일반적으로 '예술+치료'라는 분야가 거론되고 있다. 예술 치료는 크게 표현적 측면과 수용적 측면이라는 두 가지 방향 속에서 예술의 치료적 가능성을 모색하고 있다. 표현적 측면에서 예술 치료는 '토킹 큐어' 중심의 고전적, 정통적 치료 방법과 달리 내담자가 무의식적, 전의식적인 다양한 정동(affect), 정서(emotion), 감정(sentiment)들의 표현들을 통해 비언어적 소통의 장을 자연스럽게 이끌어 낼 수 있다는 점과 그 속에서 치료자와 내담자의 공감적 환경을 구축해낼 수 있다는 점에서 주목받아 왔다. 그 예로 사이코드라마, 미술 치료, 무용 치료, 음악 치료, 독서 치료, 시 치료 등 이미 오래전부터 존재하고 있었던 예술 치료의 다양한 흐름들을 발견할 수 있다.

또한 이미지문화의 전 지구적 차원의 융성이라는 흐름에서 영상 이미지를 활용한 치료 방법이 80년대 이후 실험적인 방식으로 영화 치료, 혹은 비디오 치료 등의 이름으로 새롭게 등장하고 있기도 하다.

그런데 수용적 측면에서 우리가 예술치료의 가능성을 모색할 때 조금은 조심스럽고 세심한 주의가 요청되고 있는 듯하다. 무엇보다도 예술 작품, 예술 텍스트 자체를 치료 자체에 활용하는 것을 예술 치료라는 이름으로 통칭할 수 있는 지에 대해서는 조심스런 접근이 필요하다. 예를 들면 음악의 악보, 시의 암송, 문학 텍스트 등의 텍스트 자체를 내담자와 함께 하는 연행 활동을 통해 표현적 소통의 장을 형성한다면 이것은 충분히 예술 치료라 불릴 수 있을 것이다. 하지만 예술 텍스트 자체를 치료 이론에 따라 해석하는 혹은 비평하는 방식이 치료일 수 있는가에 대해서는 한 번 깊이 생각해 볼 문제라 생각된다. 왜냐하면 예술 텍스트는 그 작품을 생산한 사람이 제안하는 고정된 경험 구조를 쌍방향적이지 않은 일방적인 방식으로 소통하고 있기 때문이다. 그리고 이야기 치료나 영화 치료에서는 예술작품을 해석하거나 감상한 자의 서사의 이해 방식을 치유의 과정으로 그대로 대입하는 방식이 빈번한데 이러한 방식은 치료가 내담자의 예상치 못한 저항과 반응 속에 끊임없는 수정과 혼란이 일어나는 기존의 임상의 경험과 교훈을 상기해 볼 때 너무도 단순화한 논의이기 때문이다. 게다가 일반화된 서사 전략에 따라 해도 되고 안 해도 되는 설문 조사를 통해 치료의 성패를 가늠하는 방식은 인문치료 내에서도 반드시 재고되고 성찰되어야 할 문제라고 생각된다.

예술이 현실에서 불가능한 표현의 한계들을 넘어 인간의 내밀한 욕망을 승화시켜 표현한다는 사실은 예술의 정의 자체에 빈번히 등장하는 담론이다. 예술 텍스트를 통해 표현된 내적인 갈등과 고통, 그리고 예술적 창조 행위를 통해 점차 깊이 있고 풍성한 참자기를 찾아나가는 등장인물, 혹은 작가의 여정을 이해하고 감상하는 과정은 치료사에게 임상적 경험만으로 충분하지 않은 인간에 대한 깊은 이해를 확대하는 과정일 수 있고 아마도 이러한 이해의 과정으로부터 예술 작품들은 임상에 대한 간접적 경험을 키우는 중요한 자료가 될 수 있을 것이다. 하지만 이러한 해석이나 비평 행위 자체를 우리는 치료라고 이야기 할 수 없을 것이다. 예술 작품이 지닌 인간에 대한 깊은 성찰적 가능성이라는 측면에서 인문치료학이 예술 작품을 주목한다면 이것은 치료사나 치료준비생들의 교육이나 학습차원에서 이루어지는 것이다. 결론적으로 말해, 예술 작품 속에 등장하는 허구적 인물로부터 그의 증상에 대한 고찰을 통해 자기애에 대한 문제를 논의해왔던 이 글은 크게 예술작품을 인문치료적 성찰이라는 방향에서 검토하고 있다는 점을 밝히는 바이다.

참고 문헌 및 필모그래피

권명수(역), 2002, 『하인즈 코헛과 자기심리학』, 한국심리치료연구소.

김명희(역), 1996, 『늑대인간』, 열린책들.

윤희기, 박찬부(역), 1997, 『정신분석학의 기본개념』, 열린 책들.

이윤기(역),『종교의 기원』, 열린 책들.

이재훈(역), 2006, 『자기의 회복』, 한국심리치료연구소.

이재훈(역), 2007, 『정신분석은 어떻게 치료하는가?』, 한국심리치료연구소.

이현경(역), 2003, 『모비딕』, 대교출판.

임말희(역), 2006, 『천재 정신분석가 마스드 칸의 삶 : 거짓 자기』, Nun.

임말희(역), 2007, 『자기심리학과 나르시시즘의 치료』, NUN.

홍준기, 2004,「슬라보이 지젝의 포스트 모던 문화 분석」,『 철학과 현상학 연구 제22집 』, 한국현상학회, 철학과 현상학 연구, 195~223.

André Gardies, 1994, ≪Scène ou régime scénique≫, *Cinéma et théâtralité*, Paris : Hachette.

André Green, 2007, *Narcissisme de vie, narcissisme de mort*, Paris : Les éditions de Minuit.

Christopher Lasch, 1978, *The Culture of Narcissism*, New York : Northon.

Jean Laplanche et Jean-Bertrand Pontalis (sous la direction de Daniel Lagache), 1967, *Vocabulaire de la Psychanalyse*, Paris : PUF〉

Richard Combs(ed,. by Jim Hilier), 2001, ≪As times goes by≫, in *American independent cinema : A sight and Sound Reader*, London : British film institute cop.

Thierry Jousse, 1989, *John Cassavetets*, Paris : Cahiers du cinéma.

Tom Charity, 2001, *John Cassavetes : Lifeworks*, London : Omnibus Press.

존 카사베츠 감독, 1978, 「오프닝 나이트」.
오손 웰즈 감독, 1941, 「시민케인」.

※ 이 글은 두 필자의 논문 「영화 〈오프닝 나이트 Opering Night〉를 통해 본 자기애」(『인문과학연구』 제25집, 2010. 6. 30)를 수정·보완한 것이다.

상실의 경험과 영화

정 락 길

누구에게나 소년, 소녀의 시절이 있다. 무심하고 무구하였기에 찬란한 시절이기도 하다. 자연의 불가역성을 익히 알고 있는 성인이 된 정상인이라면 누구나 그 찬란함이 결코 되돌아갈 수 없고 회복될 수 없다는 사실을 알고 있다. 하지만 인간 누구나 그 근원적 부재를 부인한 채 무구하였기에 충만했던 그 시절의 어떤 한 점을 끊임없이 소환하거나 다른 환영으로 대치하면서 현실을 견뎌내고 살아간다. 성장기 영화 속에 나타나는 무구했던 시절의 세계, 첫 사랑의 기억, 혹은 근대의 등장 이후 수많은 픽션들이 그려내던 고향으로의 회귀라는 소재들. 유년, 첫 사랑, 고향은 그래서 근대적 신화이자 지치지 않고 재생되는 발명품이기도 하다. 20세기의 인간을 영화관에 가는 동물이라고 정의한 지오르지오 아감벤(Giorgio Agamben)의 이야기처럼 영화가 대중을 휘어잡을 수 있었던 이유는 아마도 유년, 첫 사랑, 고향을 끊임없이 이미지로 전시하였기 때문일지도 모른다.

〈열한송이 꽃〉은 이러한 소년의 시절로 돌아가서 이야기가 전개되는 영화이다. 크레딧과 함께 '내가 11살 이었을 때, 열한송이 꽃'

이란 제목이 나타나듯이 감독 왕 샤오슈아이(王小帥 / Wang Xiaoshuai)는 자신의 목소리로 11살 이었을 때의 과거의 어떤 지점으로 관객을 이끌고 있다. 왕 샤오슈아이는 1966년 상하이에서 태어났다. 하지만 문화혁명의 소용돌이 속에서 그의 부모는 하방 되어져 상하이를 떠나 기주 지방의 수도 기양으로 이주한다. 그리고 그의 가족은 13년 동안 기양에서 살다 위베이(Hubei) 지방의 우한(Wuhan)으로, 그리고 1981년 베이징으로 이주하게 된다. 그 후 그는 예술 중등학교에 입학하게 되고, 6세대 감독들의 이력이 보여주듯이 베이징 영화학교를 1988년에 졸업한다. 그의 이력이 보여주듯이 그는 부모님이 겪은 역사적 운명에 따라 대도시를 떠나 시골에서 거주할 수밖에 없었던 가족 누구도 선택하지 않은 어떤 삶을 강요받은 사람이기도 하다. 〈열한송이 꽃〉은 이러한 자신의 가족이 겪었던 시절의 이야기를 감독의 극중 페르소나 왕 한 이라는 11살의 극중 인물을 통해 전하는 자서전적 영화이다.

11살의 왕 한이 자리 잡은 시대와 장소는 기주라는 지방의 1976년 모택동이 사망하기 1년 전, 문화혁명의 막바지 시기이다. 왕 한의 삶은 오페라 극단에서 일하는 아버지와 공장에서 일하는 어머니의 보살핌 아래서 걱정 없는 평안한 삶으로 묘사된다. 영화는 크게 세 가지 축의 서사를 중첩시키며 전개된다. 왕한과 그의 가족이 살아가는 모습, 왕한의 학교생활, 왕한의 절친한 3명의 친구들과의 놀이 등이 첫 번째 축에 해당하는 서사라 할 수 있다. 〈열한송이 꽃〉은 이러한 11살 소년의 일상적 삶을 중심적 서사로서 풀어헤치면서 다른 두 개의 서사를 교차적으로 삽입하고 있다. 두 번째 축은 주홍의 가족들이 당하게 되는 비극적 이야기이다. 극중에서 주홍은 그의 오빠 주키앙(Jueqiang)이 일하고 있는 공장의 책임자 첸에게 강간을 당하고 그의 오빠는 영화상에 한 번도 모습을 드러내지 않는 이 책임자를 죽이고 도망 다니다 잡혀 처형되게 된다. 주홍은 왕 한의 고백하지 못한 연상의 누나이자 최초의 몽정의 대상이기도 하다. 관객은 퍼즐의 조각을 맞추듯이 영화 전편에 흩뜨려 뿌려놓은 이러한 주홍 가족의 이야기를 능동적으로 조립해야 한다. 마지막으로 왕 한의 친구인 웨이 준의 형으로부터 벌어지는 두 청년 집단 간의 대립이 존재한다. 준의 형은 한 여자와 좋아하는 사이이지만 이 여자의 변심을 두고 다른 마을의 청년과 대립하다 린치를 당하게 된다. 여기에서부터 두 청년 집단들 사이에 피를 흘리는 싸움이 전개된다.

평안한 삶을 살아가는 주인공 소년 왕 한이 자신도 알지 못하는 사건에 휘말리게 되는 것은 감독이 주도면밀하게 배치한 흰 셔츠를 통해서이다. 초등학생인 왕 한은 체조(우리나라의 국민체조를 연상하면 될 것이다.)를 잘해 전교생들을 지휘하는 대표로 선발된다. 선생님은 왕 한에게 체조의 대표자로서 새로운 옷을 입으면 더 좋을 것 같다고 이야기하고 아이는 어머니를 조른다. 계획경제에 따른 물자부족에 시달렸던 모택동의 문화혁명 시기에 어머니는 어렵게 새로운 흰 셔츠를 장만해준다. 하얀 셔츠를 입고 만족에 겨워하던 왕 한은 강가에서 놀다가 옷이 젖어 옷을 말리게 되는데, 첸을 살해하고 공안에 쫓기던 주홍의 오빠 주키앙은 왕 한이 옷을 말리던 곳으로와 옷을 가지고 산속으로 도망간다. 옷을 찾아 주키앙을 쫓아가는 소년... 하지만 이미 흰 셔츠는 부상을 당한 주키앙의 몸에 돌돌 말려 피로 뒤범벅이 되어 있음을 발견한다. 아이는 주홍의 오빠를 보았다는 사실을 비밀로 할 것을 약속하고 주키앙은 훗날 반드시 흰 셔츠를 되돌려 줄 것을 약속한다. 주키앙이 공장에 방화를 하다 결국 잡히고 형장의 이슬로 사라지기 직전에 그는 아이에게 흰 셔츠를 우편으로 보낸다.

빨간 피로 물들여 지는 흰 셔츠는 소년의 순수한 시절로부터 소년이 어쩔 수 없이 진입하게 되는 어른의 세계이자 중국 역사에 대한 알레고리이다. 왕 샤오슈아이는 과잉된 의미부여 없이 소년을 둘러싸고 벌어지는 힘들고 고난 했던 문화혁명 말기의 모습을 거리를 둔 시선으로 담담하게 포착하고 있다. 확성기를 통해, 그리고 아이들의 노래를 통해 들려지는 중국 문화 혁명의 그림자들, 아이들이 놀고 있는 광장을 가로질러 가는 홍군의 모습들이 시대적 배경을 주지시키고 있다면 이 배경들 사이로 주홍의 가족사적 비극과 한 여자를 둘러싸고 벌어지는 두 청년 집단의 패싸움의 이야기를 카메라는 사건의 중심 속에 개입해 포착하기 보다는 멀리서 넌지시 포착하여 드러낸다. 모네의 〈해돋이〉 그림처럼 미세한 빛이 비추어 내는 세계의 모습은 섬세하고 다양하며 그 속에서 사물 하나하나가 그 고유한 의미를 지니고 있다는 왕 한의 아버지의 진술은 문화혁명이 강요한 집단 이데올로기에 대한 비판이자 영화감독 자신이 은밀히 깔아놓은 영화철학이기도 하다. 두 청년 집단의 대립이 문화 혁명으로부터 야기된 집단적 대립과 광기를 보여주고 있다면 주홍 가족의 비극은 이러한 사회 속에서 희생되어 버린 개인들의 모습이다. 〈열한송이 꽃〉은 카메라가 천천히 훑어가는 주홍의 몸을 바라보는 왕 한의 열병과 같은 사춘기의 시선 사이로 주홍의 아버지가 왕 한의 아버지에게 고백하는 시골로 하방되어 온 지식인 계층의 환멸과 상처를 겹쳐 포개놓고 있다.

- 사후작업

〈열한송이 꽃〉이 묘사하는 사건들은 아마도 어린 시절의 감독에게 그 의미가 제대로 이해되지 않은 채 그저 기억된 사건일 것이다. 감독은 어린 시절의 파편처럼 흩어진 퍼즐의 조각들을 앞모습은 사회주의이고 뒷모습은 자본을 쫓아 전속력으로 달려가는 자본주의인 현대 중국의 현기증 나는 지금 여기에서 다시 소환하고 있다. 그 조각들은 어린 시절에는 이해될 수 없고 어렴풋했던 메시지였지만 성인이 된 지금의 감독에게 사건의 전후와 현대적 유의미성이 그 실마리를 지니고 다시 배열되는 작업이기도 하다. 잠결에 목격한 부모의 성행위로부터 서서히 예비되는 어른들의 비밀의 세계는 영화상에서 뚜렷한 설명 없이 일어나는 알 수 없는 현기증으로, 그리고 흰 셔츠를 잃어버리고 어머니에게 심한 꾸지람을 들은 후 주홍의 집으로 찾아가 창문너머에서 그녀를 바라보는 소년의 모습으로 보여진다. 주키앙과의 만남의 비밀을 소년이 간직하는 것은 소년에게 욕망의 대상으로 등장하기 시작한 주홍 때문이기도 하다. 그렇게 소년은 욕망과 현실사이의 간극을 서서히 알아나가게 된다. 이러한 퍼즐 맞추기는 일종의 프로이드적 의미에서 사후작업(après-coup : 라깡과 장 라플랑슈 Jean Laplanche에 의해 새롭게 해석된 프로이드의 시간성에 대한 기억작업) 이다.

그런데 왜 왕은 소년의 눈으로 돌아가 문화혁명의 상처를 조명하고 있는 것일까? 왕의 〈열한송이 꽃〉은 이미 중국의 문화사에서 문화혁명으로 인한 정치적 박해와 고통, 비극을 다룬 소위 '상흔문학'이라는 일련의 작품들에서 다루어진 주제이기도 하다. 그렇다면 이러한 과거로의 회귀와 반복은 지금 여기에서 어떤 의미가 있는 것일까? 여기에서 우리는 감독이 서사를 전달하는 그의 형식적 선택과 6세대 감독으로서의 왕의 세대적 위치를 살펴보면서 그 해답을 찾아볼 필요를 느낀다. 먼저 왕 샤오슈아이의 세대적 위치를 살펴보자.

왕 샤오슈아이는 1993년 〈나날들〉로 데뷔한 후 2001년 〈북경 자전거〉로 국제적 주목을 받으면서 중국의 6세대를 대표하는 중요한 감독으로 알려지게 된다. 〈열한송이 꽃〉은 그의 필모그래피 내에 9번째 장편 영화에 해당하는 작품이다. 그의 장편들은 크게 대도시와 시골이라는 대립적 풍경 사이를 왕복하며 전개되어 왔다. 〈나날들〉과 〈극도한랭〉(1996)이 대도시 속에서 살아가는 길 잃은 예술가들의 삶을 그려내고 있다면, 〈머나먼 낙원〉(1998), 〈북경 자전거〉 그리고 〈좌우〉(2007)는 대도시 속에 살아가는 사람들의 불안과 소외가 도시가 연출하는 풍경과 함께 중첩되어 나타나고 있다. 〈북경 자전거〉의 두 주인공 구웨이와 지안의 대립과 연대의 공간이 되는 미로 같은 골목길은 그들의 열망과 불안의 삶이 들러붙어 있는 실존의 증거였다면, 〈좌우〉에서 실존의 증거였던 이러한 공간은 빽빽한 고층 아파트의 숲으로 사라지거나 여 주인공 메이의 전남편의 무대가 되는 건설현장으로 대치되어 버려 나타난다. 이러한 도시를 무대로 한 왕 샤오슈아이의 연작들에서 도시 이주민들로 특징지어 질 수 있는 등장인물들은 급속히 산업화되어가고 있는 중국 사회의 다양한 양태들에 대한 다소간 리얼리즘적인 알레고리이기도 하다.

그런데 〈좌우〉를 예외로 한다면 〈상하이 드림〉에서부터 왕 샤오슈아이 감독의 카메라는 시간적으로 과거를 향하고 있다. 〈열한송이 꽃〉과 〈상하이 드림〉이 기주 지방을 공간적 배경으로 문화혁명의 전후를 조명하고 있다면, 〈중경 블루스〉(2010)는 중경이라는 도시에서 경찰이 쏜 총에 죽음을 맞이한 오랫동안 보지 못한 아들에 대한 과거로의 탐색이다. 범위를 좁혀서 〈상하이 드림〉과 〈열한송이 꽃〉 연작들에서 감독이 동정적 시선으로 포착하고 드러내고 있는 주제는 문화혁명 시기에 어쩔 수 없이 하방사업으로 지방으로 이주하게 된 지식계층 들이다. 그들에게 시골은 자신들의 꿈과 열정이 좌절된 환멸의 공간이다. 그래서 그들은 상하이로 대표되는 도시로의 이동을 꿈꾸고 상하이는 그래서 좌절과 환멸로 점철된 그들 아버지의 세계가 꿈꾸어 왔던 공간이자 자식들에게는 자신들의 회한과 상처가 되물림 되지 않는 희망의 공간으로 나타난다. 그런데 기주를 중심으로 한 영화들에서 등장인물들이 되돌아가고자 하는 상하이라는 공간과 왕 샤오슈아이의 도시를 무대로 한 연작들 사이에서 도시는 같지만 다른 모습으로 등장한다. 왜냐하면 감독의 아버지가 꿈꾸는 도시가 그들에게는 시골의 퇴행적이고 남루한 삶들을 극복하게 될 희망의 공간이라고 한다면 감독이 포착하고 있는 도시의 삶들은 그들 아버지 세대와는 다른 끊임없는 변화와 혼란의 세계이자 서로 다른 욕망이 충돌하고 부서지는 아버지 세대의 꿈과는 다른 무한 경쟁의 황폐한 도시의 모습이기 때문이다.

이러한 왕 샤오슈아이의 필모그래피는 중국 영화를 독해할 때마다 꼬리표처럼 따라다니는 세대론의 틀거리를 요구하고 있다. 중국내 사가들과 비평가들에 의해 중국영화의 흐름이 일반적으로 세대별로 분류되어 기술되고 있다는 점, 그리고 이러한 견해에 따라 세계 영화계가 중국 영화의 흐름을 받아들여 왔다는 점은 조금만 중국 영화에 관심을 가지고 있는 이들이 쉽게 동의하고 수긍하는 내용이기도 하기 때문이다. 세대론은 비단 중국의 영화사적 논의에만 해당되는 것은 아니다. 우리의 근대적 문화의 변천 과정 역시 4.19세대, 유신 세대, 광주 세대, 6월 항쟁 세대 등등에 따라 구분되어 왔고, 중국 역시 중국의 근대사와 문화사를 아버지 세대에 대한 심판, 즉 심부(審父)론과 밀접히 연관되어 파악하여 왔기 때문이다. 그래서 세대적 구분 범주는 뒤늦게 근대화의 도정에 합류한 국가들의 어쩔 수 없는 문화적 운명이라고 말해도 과장은 아니라고 할 수 있다. (왕 샤오슈아이의 〈중경블루스〉가 아버지의 시점에서 자식의 세계를 조명하고 있다면 〈상이이 드림〉과 〈열한송이 꽃〉은 6세대 작가 자신의 시점에서 아버지의 세대를 바라보고 있다고 할 수 있다.)

그런데 이러한 세대론에 따라 중국 영화를 읽어 가는 방식이 모호해지고 오히려 그들 영화를 이해하는 데 있어서 방해로 나타나기 시작하는 것은 소위 6세대의 영화들에서 이다. 사회주의 정부를 둘러싸고 벌어졌던 프로파간다와 대항영화라는 대립적 구도로는 설명할 수 없는 많은 영화적 실천이 있어왔고 현실은 더욱 복잡한 양상으로 변모하고 있는 것이 또한 사실이기 때문이다. 이미 상업적 미디어의 영향력이 급속히 확대된 중국에서 불편한 진실을 마주하고 싶지 않은 자는 중국의 검열당국만이 아니라 일반대중의 기호이기도 하다. 평균의 상식적 정서와 감정을 요구하는 이러한 일반 대중의 기호가 소비주의적 자본주의 사회로 깊숙이 진입한 중국에서 암묵적인 검열의 힘으로 작용하는 것은 쉽게 간파할 수 있는 사실이기도 하다. 이미 그 옛날의 검열 정책인 '주선율'은 이미 그 편협함을 벗어버리고, 사회주의와 자본주의를 영화 검열에 있어서 완벽하게 화학적으로 융합해내고 있다. 이러한 사회문화적 변천의 상황 속에 위치한 세대가 6세대라고 할 수 있을 것이다.

감독 자신이 자전거를 도난당한 것에 대해 답답하리만치 변명도, 항변도 제대로 못하는 농촌에서 올라온 〈북경 자전거〉의 청년 구웨이라는 캐릭터를 설명하듯이 현대 중국이라는 사회에 존재하는 불안감은 비단 허구적 등장인물에만 해당하는 것이 아니라 〈극도한랭〉 그리고 〈북경 자전거〉에 이어진 영화 상영을 둘러싼 감독의 불안이기도 하다. 그리고 〈상하이 드림〉으로부터 시작된 문화혁명 전후의 시기로의 회귀에 관한 영화를 제외한다면 그의 영화는 정치적 중심으로부터 비켜서서 사회 주변부, 농촌문명에서 도시문명으로 이주한 전환기 청년들과 예술가들의 삶을 다루고 있다. 특히 〈좌우〉에서 보이듯이 백혈병으로 시한부 인생을 살아가는 아이와 같이 생명을 연장해야 한다는 강박 속에 살아가는 도시 이주민들이 그 주인공들이다. 그들은 산업화의 결과로서 받아들이는 부서진 가족이자 그 황폐한 미래이다. 이러한 혼란과 불안의 사회/문화적 조건이 왕 샤오슈아이 감독으로 하여금 탐색과 모색으로서의 과거로의 여행의 내적 동기라고 할 수 있을 것이다.

- 갈림길

〈열한송이 꽃〉은 포스트모던의 소용돌이 속으로 깊숙이 들어온 도시적 삶으로부터 '과거란 무엇인가'라는 질문으로부터 현재를 다시 탐색하고 치유하고자 하는 감독 자신의 고민으로 읽혀질 수 있다. 아마도 그가 과거로 돌아가고자 하는 이유는 보지 못한 무엇이 있기 때문이고 그 보지 못함으로 인해 아직 이야기되지 못하고 정리되지 못한 무엇이 있기 때문일 것이다. 왜냐하면 한편으로는 인간은 현재의 시점에서 과거를 보고 다른 한편으로는 과거의 시점에서 현재를 보기 때문이다. 그런데 〈열한송이 꽃〉이 과거의 이야기를 전하는 방식에는 어딘가 미지근한 구석이 존재한다. 〈열한송이 꽃〉에서 주키앙과 소년 왕 한이 산속에서 마주하는 장면을 제외하고, 카메라는 사건의 중심에 비켜서서 아이들의 대화를 통해 어렴풋이 추론되거나 혹은 아이가 놀고 있는 공간 바깥에서 마치 소문처럼 들려지고 전해진다. 사건의 당사자들은 카메라에 의해 멀리서 혹은 창문 바깥에서 포착되어 진다. 그 사건들은 그래서 당사자들의 구체적인 분노와 고통이 결여된 채 전해지고 지나치게 말한다면 산문적이기 까지 한 억제의 방식이기도 하다. 이러한 시선을 감독이 선택한 이유는 무엇일까? 중국의 역사적 현실이 보여주는 간단치 않은, 그 실타래가 너무 엉켜있는 어떤 비밀이 있기 때문일까? 그것을 단순히 전체주의의 횡포나 혁명의 광기 등의 전언으로 발설하기에는 인간의 언어적 포착능력으로 발설하기 어려운 시간의 두터움이 있다는 것일까? 역사적 상처나 그 숨어있는 비밀을 이야기할 때 뛰어난 작가들은 그것을 감추면서 혹은 의도된 침묵 속에서 그것을 드러낸다. 그 이유는 아마도 그것을 이야기할 수 없다는 사실 속에서, 혹은 그것을 다시 이야기 한다는 것은 너무도 아프기 때문일 수도 있을 것이다. 하지만 그 효과는 시각적인 정서적 과잉 너머 다른 차원에 존재하는 무엇인가 보아야 할 것이 있음을 알려주는 것이기도 하다. 그래서 좋은 영화에서 침묵이란 우아함이자 깊은 아픔의 징표이다.

6세대는 전 세대와는 다르게 도시적 삶에 밀착해 동시대적 호흡을 전해주고 있다고 흔히들 평가되어 진다. 그들의 카메라는 과도한 정서적 과잉 없이 현실을 밀착해 포착하고자 하는 리얼리즘적 경향을 보여준다고도 이야기 한다. 그들에게 장이모우와 첸카이거로 대표되는 5세대의 대지적 낭만주의(?)가 더 이상 현실과 대중 양자에게 납득하기 어려운 유미주의로, 혹은 오리엔탈리즘에 힘입어 서구를 현혹시킨 영화로 이해될 수 있고 비판될 수도 있다고 생각한다. 사실, 그들이 선택한 미학적 무기로서의 리얼리즘 속에는 이전시기까지의 예술론이 주장했던 모든 상징적 논의들이 폐기되어 지고 카메라의 관찰적 태도에 대한 존중이 존재한다. 그들 6세대에게는 전 세대와 같은 '예술'이라는 이름에 달라붙어 있던 상징적 아버지(미적 이상으로서의)는 더 이상 존재하지 않는다. 어떤 의미에서 이것은 윤리적 선택 속에 놓여있는 이상한 미적 취향이다. 하지만 영화의 관람은 절제와 금욕의 와중에서 관객에게 이상한 희열(주이상스)을 건네주는 과정이기도 하다. 그런데 시간은 모든 것을 변하게 한다. 소위 '네오리얼리즘' 이후의 카메라의 관찰적 태도를 중시하는 작가주의 경향의 '현대영화' 속에는 일종의 이러한 태도가 다시 관찰이나 절제를 통해 황폐함과 잔인함의 세계 속에 마주하면서 건네주던 깊이 있는 희열은 사라지고 세상을 미적인 거리감으로 파악하려는 '이상한 유미주의'로 변질되어 버리고 있기 때문이다.

왕 샤오슈아이의 〈열한송이 꽃〉은 그래서 나에게는 어떤 갈림길로 읽힌다. 왕 샤오슈아이가 어떤 모색을 하고 있다는 사실의 정직성을 인정한다고 할지라도 이 영화가 마치 90년대 우리 문학계에 터져 나왔던 때늦은 후일담류의 문학과 같이 '과거 속에 좋지 않은 일이 있었어.' 라는 회고적 정리의 태도처럼 보이기도 하기 때문이다. 왜냐하면 그의 반복적 재생 속에는 가장 중요한 문제인 '현재에서 전체주의 사회를 본다는 것은 어떤 것일까?'라는 질문이 제대로 던져지지 않고 있기 때문이다. 속 시원히 해명되지 않은 무엇이 있기에 우리는 과거로 되돌아간다. 그런데 과거가 현재와 잘 조응되지 않을 때, 과거에 대한 질문이 현재 속에 잘 메아리치지 않을 때, 마치 이발소의 그림처럼, 혹은 오랜만에 나온 전원의 풍경에 감복한 인물처럼 너무도 쉽게 감상적인 회상에 빠지기 쉽기 마련이다. 이러한 반복의 생산품들은 요즘의 이미지들이 넘쳐나게 전시하고 있는 소비 상품들이기도 하다. 〈열한송이 꽃〉은 역사적 교훈을 던져주지만 그 너머의 무엇으로 나아가지는 못하고 있다. 그것이 참다운 모색인가 퇴행인가의 문제는 이후의 왕 샤오슈아이의 작품이 보여줄 것이다.

문득 관객이 찾지 않는 영화관 속에 자리 잡은 우리에게 작가주의 영화로 알려진, 혹은 작가주의적 야심을 지닌 영화들에 의문을 던져본다. 혹시 그러한 경향의 영화들은 아카데미즘 영화가 된 것은 아닐까? 그러한 영화들이 제안하는 심각한 주제들 사이에서 왜 나는 일종의 깊은 허무주의의 미학을 발견하게 될까? 다음의 작품 속에 나는 '역사적 교훈'을 너머서 존재하는 무엇인가를 왕 샤오슈아이에게서 발견하게 되기를 갈망한다.

※ 이 글은 필자의 글 「열한송이 꽃」(제16회 부산국제영화제 특별리뷰집 『시선과 담론』, 2011. 11. 5)을 수정·보완한 것이다.

찾 / 아 / 보 / 기

ㅅ

ㅇ

ㅊ

예술과 인문치료

저 자 : 강경선, 김익진, 윤일수, 윤학로, 정락길
펴낸이 : 신승호(辛承昊)
펴낸곳 : 강원대학교 출판부
200-701 춘천시 강원대학길1(효자2동 192-1)
☎ (033) 250-7171 / FAX 259-5716
등 록 : 춘천시 제28호
발행일 : 2013년 5 월 22 일 초판

ISBN 978-89-7157-332-7 정가 12,000원